일잘러는
노션으로
일합니다

창업자, 스타트업, 프리랜서, 1인 기업가가 알아야 할
실전 노션 활용법

일잘러는 **노션**으로 일합니다

· 김대중 지음 ·

원앤원북스

가장 소중한 친구이자 사랑하는 아내 지형과
눈부신 나의 아이들 온유, 시온, 아인에게 바칩니다.
늘 나를 응원하는 가족들에게 감사합니다.

Remember 20140416

일잘러의 무기, 노션

이 책은 노션의 기본 기능만을 주로 다루지는 않는다. 이미 시중에 노션 관련 책들도 여럿 나왔고, 온라인에서 노션의 기본 기능을 소개하는 수준의 콘텐츠들은 많이 있기 때문이다. 이 책은 노션의 기본 활용법을 포함해 노션에 대한 이해도가 있는 분들이 실무에서 적용할 수 있도록 생산성과 협업력을 높이기 위한 노션 활용법에 초점을 맞춘 책이다. 파워포인트나 키노트를 다룰 줄 안다면 누구나 노션을 쉽게 익히고 사용할 줄 알기 때문에 노션의 기본 기능에서 더 나아가 협업이 잦은 창업자나 스타트업 재직자, 프리랜서, 1인 기업가에게 필요한 노션 활용법을 담았다.

노선의 기본 활용법인 위키(Wiki), 태스크 (Tasks), 데이터베이스(Database)를 중심으로 꼭 필요한 기능을 다루면서도, 이를 기반으로 개인적 인 활용이나 업무에서 적용할 수 있는 사례들을 다루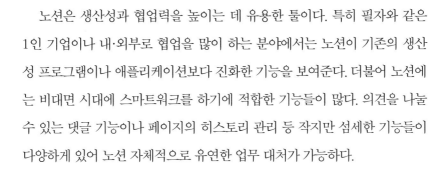

었다. 특히 데이터베이스 기능은 노선 활용을 극대화할 수 있기 때문에 조금 더 깊고 상세하게 담았다.

노선은 생산성과 협업력을 높이는 데 유용한 툴이다. 특히 필자와 같은 1인 기업이나 내·외부로 협업을 많이 하는 분야에서는 노선이 기존의 생산성 프로그램이나 애플리케이션보다 진화한 기능을 보여준다. 더불어 노선에는 비대면 시대에 스마트워크를 하기에 적합한 기능들이 많다. 의견을 나눌수 있는 댓글 기능이나 페이지의 히스토리 관리 등 작지만 섬세한 기능들이다양하게 있어 노선 자체적으로 유연한 업무 대처가 가능하다.

사실 10년이 넘는 시간 동안 1인 기업가로 일하며 들었던 나의 가장 큰고민은 '파편적으로 진행되는 업무들에 어떻게 유연하게 대처하는가'였다. 나에게는 프로젝트 업무와 책 출간, SNS 글쓰기, 일정 관리, 자료 정리 등 반복적으로 해야 하는 업무들이 늘 있었다. 일을 하면서는 이를 언제나 효율적

으로 처리하면서 갑자기 생기는 업무들에도 유연하게 대처해야 했다. 그런데 장장 10년이 넘게 이를 반복하다 보니 느낀 점이 있었다. 무엇보다 생산성을 높여야 한다는 것, 또 그러기 위해서 반복적인 업무를 처리하기 위한 프로세스와 새로운 업무를 위한 프로세스를 만들어야 한다는 것이었다.

그러던 와중에 실제 업무에서 문제가 발생했다. 반복적인 업무와 새로운 업무 사이에 공통 분모가 있었고, 그로 인해 새로운 업무를 통해 만들어진 콘텐츠들이 반복적인 업무에서도 필요한 상황이 빈번하게 생기게 된 것이었다. 이를 해결할 수 있는 방법을 찾아야 했다. 이때 내가 선택한 것이 프로젝트와 콘텐츠 관리를 기본으로 하면서도 유연함과 가벼움을 만족시킬 수 있는 생산성 앱을 사용하는 것이었다.

나는 많은 생산성 앱과 서비스를 찾아 사용해보았고, 그 결과 지금의 노션에 정착하게 되었다. 노션에 정착하게 된 이유는 그동안의 사용 경험이 효용성 면에서나 업무 성과 면에서나 매우 만족스러웠기 때문이다. 이것이 이 책을 출간하게 된 동기이기도 하다.

갈수록 1인 기업과 같은 소규모의 기업이 많아지고 있다. 기업이 아니더

라도 부쩍 혼자 일하는 시대가 가까이 도래했다는 것을 느낀다. 그런 분들에게 도움이 되고자 하는 마음으로 이 책을 썼다. 한 가지 고민은 노션 서비스가 지속적으로 업데이트되고 있다는 점이다. 이와 관련한 내용은 필자의 홈페이지(www.onlinemarketinglab.co.kr)에서 추가하고 있으니 참고해도 좋다.

각자의 자리에서 '일잘러'가 되고 싶은 이들에게 이 책이 조금이나마 도움이 되었으면 좋겠다.

김대중

| 차례 |

1장　언택트 시대의 업무 툴　　　N

4장 **노션 활용의 기본** ⌄ N

5장 실전! 노션 활용하기

코로나19는 '언택트'라는 키워드로 우리의 일터를 오프라인에서 온라인 중심으로 이끌었다. 이 변화로 바뀐 업무 환경은 되돌릴 수 없는 상황이다. 이번 장에서는 바야흐로 언택트 시대를 맞은 지금, 온라인 생산성 애플리케이션이자 협업 툴로서 노션이 얼마나 유용한지, 또 업무의 생산성을 높이는 툴의 조건은 무엇인지 정확하게 알아본다.

1장

언택트 시대의
업무 툴

1-1

언택트 시대,
1인 기업 10년 차

시스템 구축이 달라져야 한다

코로나19로 인해 일하는 환경이 바뀌었다. '언택트'라는 키워드로 대표되는 새로운 환경은 우리 삶의 여러 부분을 바꿔놓고 있다. 그중 일하는 환경은 빠르게 바뀌고 있다. 이 책을 쓰고 있는 지금도 많이 변했고, 그 상황에 적응해서 일하는 다양한 사례들도 생기고 있다. 가장 큰 변화는 오프라인(Off-Line) 중심에서 온라인(On-Line) 중심으로의 변화다. 이로 인해 바뀐 업무 환경은 되돌릴 수 없는 상황이 되었다.

필자는 1인 기업을 10년 정도 운영해오고 있다. 법인으로 전환한 지는 얼마 안 되었지만 개인 사업자와 사업자 없이 프리랜서로 일하던 시기까지 합하면 10년이 조금 넘는다. 1인 기업으로서 가장 어려웠던 부분은 안정적인 수입이었다. 사실 이 부분은 10년 전과 마찬가지로 지금도 가장 어렵고, 늘 고민되는 부분이다. 다만 1인 기업에서만 고민하는 부분은 아니라고 생각한다.

안정적인 수입 외에도 필자가 갖는 1인 기업가로서의 고민은 업무의 효율성, 즉 '생산성'과 더불어 1인 기업의 특성상 업무에서 중요한 부분이면서 크게 차지하는 '외부 업체와의 협업'이다. 경험상 많은 프로젝트와 강의, 컨설팅과 미팅 등의 일정을 진행할 때 업무의 효율성과 협업력은 업무를 처리할 수 있는 시스템이 구축된 후에야 더욱 높아졌다. 이렇게 구축된 시스템은 필자와 같은 1인 기업뿐만 아니라 언택트 시대를 맞은 다른 모든 기업에도 필요할 것이다.

코로나19 이후 언택트 시대가 가속화하면서 페이스북, 트위터, 쇼피파이, 아마존 등 해외 기업이나 LG유플러스, SK텔레콤 등의 국내 기업들도 다양한 방식의 재택 근무 혹은 원격 근무를 도입하고 있다. 1인 기업은 재택 근무를 하거나 카페, 공유 오피스 등에서 편하게 혹은 효율적으로 일하는 경우가 많다. 필자 역시도 외부 일정이 있는 곳 인근의 카페나 집 근처 혹은 공유 오피스의 라운지에서 일하는 경우가 많으며, 한 장소에 고정된 오피스를 운영하지 않은 지 오래되었다. 이게 가능한 이유는 필자의 주요 업무인 강의와 컨설팅, 집필 업무는 고정된 오피스가 없어도 업무 진행에 큰 문제가 없는 편이기 때문이다.

의도하지는 않았지만 필자는 코로나19 이전부터 언택트 시대에 맞는 업무 프로세스를 구축한 채 일해오고 있었다. 지속적으로 업무 프로세스를 다듬고, 다양한 시도를 해보면서 업무에 맞게 프로세스를 최적화해두었던 것이다.

프로세스를 지속해서 최적화해야 한다

여기서 중요한 것은 프로세스 최적화다. 업무 프로세스를 단순히 구축해놓는 것만으로는 충분하지 않다. 구축한 프로세스를 최적화하는 과정이 반드시 필요하다. 필자는 이 과정에서 다양한 온·오프라인 툴을 업무에 적용해 활용해보았다. 필자가 제공하는 강의나 컨설팅처럼 무형의 서비스를 제공하는 업무에 맞는 툴을 찾기 위해 생산성을 높여주는 프로그램이나 애플리케이션(이하 앱)을 적극적으로 찾아 활용했다.

무형의 서비스를 제공하는 비즈니스와 유형의 상품을 판매하는 비즈니스는 기업 규모에 상관없이 그 형태가 다르다. 하지만 언택트 시대에 따른 업무에 생산성과 효율성을 높이기 위한 방법은 이들 모두 비슷하다. 필자는 1인 기업을 10년간 운영해온 경험과 더불어 여러 가지 관련 온라인 서비스나 앱을 활용하면서 쌓은 경험을 바탕으로 그 방법을 익혔다. 그렇게 현재 노션을 사용하고 있다.

프로젝트의 규모와 상관없이 프로젝트를 진행할 때는 반드시 내·외부로 협업이 필요하다. 협업을 잘하는 것은 개인의 능력과는 무관하다. 프로젝트가 빠르게 진행되기 위해서는 다양한 분야의 사람들과 협업해 프로젝트를 진행해야 한다. 예를 들어 웹 페이지를 만든다고 할 때 필요한 요소들은 간단하게 생각해도 이렇다. 웹 페이지에 들어갈 이미지, 카피, 웹 페이지를 운영할 수 있는 온라인상의 공간(호스팅) 및 도메인, 그리고 기초적인 HTML이나 혹은 그 이상의 프로그래밍을 할 수 있는 능력 등이다. 이 모든 것을 다 할 수 있는 한 사람을 선호하는 것은 이제는 지나간 업무 방식이다. 지금은 각각의 요소를 잘하는 사람들이 모여 협업을 통해서 완성도를 올리고, 시간을 단축하면서 프로젝트를 완료해야 한다.

　물론 프로젝트가 완료된다고 해서 진정한 의미의 '완료'가 아닌, '애자일 방식(변화하는 소프트웨어 환경에 따라 유연하게 대처하는 방식)'으로 프로젝트를 '운영'해가야 한다. 즉 기업이나 상품 혹은 서비스를 소개하는 웹 페이지를 만든다고 할 때 웹 페이지에 필요한 이미지와 카피, 콘텐츠, 호스팅, 도메인 등을 한 사람이 다 맡는 것이 아니라 디자인과 콘텐츠, 기술 담당자들이 모여서 웹 페이지를 구성한 후에 요구 사항에 맞는 웹 페이지를 만들고, 처음 기획 단계에서 생각하지 못한 부분들이나 고객의 요구 사항을 피드백받아 조기에 수정하고 반영하면서 하나의 웹 페이지 프로젝트를 완성해가는 것이다.

　이런 프로젝트 운영에는 내·외부와 원만히 의견을 조율할 수 있는 협업력과 효율적으로 협업할 수 있는 프로세스, 그리고 툴이 필요하다. 언택트 시대에 1인 기업이나 다양한 규모의 기업에서도 안정적인 협업을 위한 프로세스, 그리고 업무의 효율을 높일 수 있는 생산성 향상을 위한 툴이 꼭 필요한 이유다.

그래서 노션이다

생산성을 높일 수 있는 여러 가지 애플리케이션이나 서비스들은 앞으로도 계속 나올 것이고 현재도 계속 나오고 있다. 그중 노션은 간단한 기능으로도 업무와 일상 모두에 생산성을 높여준다. 또 노션은 작성한 콘텐츠들을 프로젝트, 그룹, 업무별로 나누어서 운영할 수 있다. 노션은 이렇듯 영역에 상관없이 업무를 진행하는 데 효과적이다.

그리고 한 사람이 여러 개의 프로젝트를 그룹으로 관리하면서 프로젝트별로 필요한 콘텐츠를 추가하는 데 필요한 기능들이 템플릿이라는 형태의 페이지로 구성되어 있고, 이를 손쉽게 관리할 수도 있다. 즉 노션은 협업에 있어서 필요한 기능들을 빠짐없이 제공한다.

노션은 외부의 콘텐츠도 임베드(Embed)라는 기능을 활용해 쉽게 가져와 사용자가 원하는 대로 콘텐츠를 구성할 수 있도록 지원하고 있다. 필자는 특히 이 기능으로 즉흥적인 아이디어를 기록하거나 웹 서핑 중 저장하고 싶은 콘텐츠를 복사해서 노션에 붙여넣는 식으로 노션을 애용한다. 이렇게 저장한 콘텐츠들은 태그 또는 콘텐츠 이동으로 필요한 곳에다 배치하면서 노션 안에서 원하는 콘텐츠를 완성하는 식이다. 즉 웹 서핑이나 오프라인 활동에서 복사, 촬영, 녹음, 녹화 등으로 필요한 콘텐츠를 수집하고, 그렇게 수집한 콘텐츠를 노션에 보기 좋고 찾기 쉽게 저장하는 것이다.

콘텐츠는 노션의 페이지에 저장한다. 페이지에 저장할 때는 필드 기능을 사용해서 콘텐츠를 분류한다. 콘텐츠 분류는 필드의 요소들을 입력해서 완성할 수 있다. 이렇듯 노션을 사용하면서 유용한 점은 콘텐츠를 페이지 단위로 완성할 수 있다는 점이다. 완성된 콘텐츠는 필드 요소에 따라 성격이 정해진다. 성격이 정해진 콘텐츠는 독립적으로 활용할 수 있는 동시에 노션의 콘텐츠 구성의 상위 영역인 워크스페이스에 추가할 수 있다. 워크스페이스에 추가한 후에도 콘텐츠를 자유롭게 사용할 수 있는 유연함이 노션을 사용할 때 매우 유용한 점이다. 예를 들어 필자는 강의나 컨설팅에서 유용하게 사용할 것 같은 사진 콘텐츠를 페이지로 만들어서 필요한 워크스페이스들에 추가해 강의 자료로 활용하고 있다. 이런 콘텐츠 활용의 유연성과 편리함이 언택트 시대를 맞은 우리가 노션을 사용하면 좋은 이유다.

1-2

생산성을 높이기 위한 툴이란?

일반적으로 생산성은 투입한 자원에 대비해 생산물의 양이 얼마나 되는지를 이야기할 때 쓰는 말이다. 자본주의 사회에서는 개인이든 기업이든 생산성을 높이기 위해 노력한다. 특히 루틴화된 업무의 생산성을 높이기 위해서는 적절한 툴(Tool)을 활용하는 것이 효과적이다. 생산성을 높이는 데 도움이 되는 툴에 대한 관심이 높아져서인지 관련 온라인 서비스나 스마트폰 앱들이 많이 생겼다. 새로 등장한 온라인 서비스나 앱 외에 기존에 사용자가 많은 프로그램들도 생산성을 높일 수 있는 기능이 추가되거나 강화되고 있다.

크롬 웹 스토어 생산성 카테고리의 생산성 확장 프로그램들

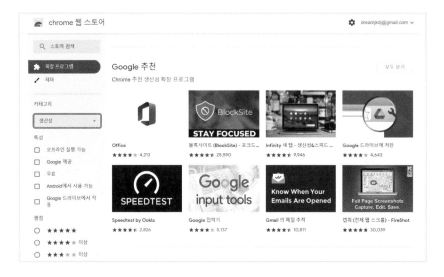

애플 웹 스토어 생산성 카테고리의 인기 앱들

생산성 툴을 고르는 다섯 가지 조건

필자는 1인 기업을 10년 정도 운영하면서 생산성을 높이기 위해 다양한 툴을 사용해보았다. 그동안의 경험을 바탕으로 효율적인 생산성 툴을 선택할 때 고려 사항들을 정리했다.

1) 유연한가?(Flexibility): 비즈니스를 할 때 쓰는 생산성 툴은 혼자서 개인적으로 쓰는 다이어리와는 다르다. 따라서 비즈니스를 위한 생산성 앱과 일상생활에 활용하기 위한 앱은 주요 기능도 다른 경우가 대부분이다. 필자는 이런 이유로 일과 일상을 함께 관리할 때 두 개의 앱을 같이 사용했던 경우가 많았다. 하지만 두 개의 앱이나 프로그램을 효과적으로 사용하는 기간은 오래가지 못했다. 둘 중에 하나에 집중하게 되기 때문이었다. 결국에는 비즈니스용으로도 쓸 수 있고 개인용으로도 쓸 수 있는 앱이 필요했다. 생산성 앱을 선택할 때 이러한 유연성은 생각보다 아주 중요하다.

2) 쉬운가?(Easy): 여기서 쉽다는 말은 사용이 쉽다는 것과 다른 사람에게 기능을 설명하기 쉬워야 한다는 것을 뜻한다. 생산성 앱은 프로젝트를 진행하면서 내부 사람들이나 외부 파트너, 협력 업체와 함께 업무적으로 편하게 활용할 수 있어야 한다. 당연히 활용하는 앱의 기능이나 메뉴 구성이 직관적으로 구성되어 있어야 업무를 진행하면서 효율을 높일 수 있다.

3) 대중적인가?(Public): 생산성 앱을 선택할 때는 대중성을 고려해야 한다. 대중성은 많은 사람이 사용할 수 있는 것을 말한다. 사용자가 많은 앱이나 프로

그램을 사용하면 사용 중에 도움이 필요할 때 다른 사용자들에게 도움을 받기도 쉽고, 내부와 외부 파트너들과 협업을 할 때도 서로 잘 아는 앱이기 때문에 협업을 좀 더 쉽게 진행할 수 있다. 또 사용자가 많은 앱은 말 그대로 사용자가 많기 때문에 앱을 신뢰할 수 있다. 괜찮은 앱인 줄 알고 사용하다가 도중에 갑자기 서비스가 중단되어 앱 사용을 못해 당황했던 경험이 있다. 이런 경우를 피하기 위해서라도 일정 수준 이상의 사용자가 있는 앱이나 프로그램을 사용하는 것이 좋다.

4) 가벼운가?(Light): 사용할 앱이 얼마나 가벼운지도 중요한 고려 사항이다. 가볍다는 것은 프로그램을 사용하는 데 필요한 리소스(자원)가 작다는 것이다. 가벼운지 여부를 고려해야 하는 이유는 내가 가진 PC나 스마트폰, 태블릿 같은 하드웨어에서 사용할 수 있는 리소스가 모두 다르고, 내부와 외부에서 협업을 하는 파트너들이 가진 리소스가 다르기 때문이다. 따라서 가벼운 앱을 사용하면 나를 포함해 내부와 외부의 파트너들이 가진 리소스를 고려하지 않아도 되므로 편리하다. 추가로 고려해야 할 리소스에는 인터넷 환경이 있다. 필자의 경험상 국내에서는 거의 모든 지역이나 건물에서 인터넷을 사용하는 데 큰 어려움이 없지만 해외의 경우 우리나라보다 훨씬 열악한 인터넷 환경일 수 있다. 따라서 생산성 앱을 사용하는 데 필요한 리소스가 많이 요구되지 않는 앱을 선택해야 한다.

5) 클라우드를 지원하는가?(Cloud): 클라우드 기능은 같은 앱을 여러 개의 하드웨어에서 사용해도 하나의 계정으로 관리할 수 있으며, 실시간으로 다른 하드웨어에도 업데이트를 동기화해주는 기능이다. 생산선 앱은 하나의 하드

웨어에서만 사용하는 일이 드물다. 마치 우리가 다이어리를 쓰더라도 때에 따라 별도의 수첩을 가지고 다니는 경우와 같다. 우리는 PC에서 사용하던 앱이나 프로그램을 스마트폰과 태블릿 혹은 노트북에서도 사용한다. 이때 하나의 하드웨어에서 업데이트된 자료나 정보를 다른 하드웨어에서도 동일한 상태로 사용할 수 있어야 한다. 사실 클라우드를 지원해주지 않는 앱은 더는 생산성 앱으로 사용할 의미가 없다. 개인이 다양한 하드웨어를 사용하는 것이 일반적인 오늘날에는 반드시 클라우드 기능이 있는 생산성 앱을 사용해야 한다.

생산성을 높이기 위한 툴을 선택할 때 고려해야 할 기본 사항들을 이야기했다. 생산성을 높이는 데 도움이 될 만한 툴들은 앱이나 프로그램 형태로 다양하게 나오겠지만 명확한 기준을 가지고 툴을 선택한다면 비즈니스의 규모나 형태에 상관없이 효과를 볼 수 있다. 물론 필자는 이 책에서 노션이라는 생산성 툴을 추천하려 하지만 독자 여러분이 다양한 툴을 접하며 그 툴들을 서로 비교해보고 자신만의 생산성 툴을 찾아가는 과정을 겪어보는 것도 의미가 있을 것이다.

1-3
생산성을 높이기 위한
프로세스 만들기

생산성을 높이기 위해서는 적합한 툴을 사용하는 것이 필수지만 툴만으로 생산성을 높이기에는 한계가 있다. 따라서 그 툴을 무기로 생산성을 높이기 위한 자신만의 프로세스를 만들어야 한다.

다음은 지금까지의 필자의 경험을 바탕으로 생산성을 높이는 프로세스를 만드는 데 필요한 네 가지 조건을 정리해본 것이다. 이 조건들을 참고해 나만의 일 처리 프로세스를 구축해보자.

프로세스의 생산성을 높이는 네 가지 조건

생산성을 높이는 것은 업무뿐만 아니라 개인의 삶에도 중요하게 작용한다. 따라서 프로세스를 만들 때는 업무용 프로세스뿐만 아니라 개인용 프로세스도 만들어야 한다. 업무용과 개인용 프로세스의 구분이 불명확한 1인 기업이나 규모가 작은 스타트업의 경우 이 두 프로세스를 더욱 효과적으로 운영해야 생산성을 높일 수 있다. 생산성을 높이기 위한 프로세스를 만들 때의 조건들에 대해서 알아보자.

1) 동일한 기준(Same Standard): 생산성을 높이기 위한 프로세스에는 동일한 기준을 정해야 한다. 동일한 기준은 업무를 진행하면서 필요한 용어에 대한 공통의 정의, 태그, 키워드, 서식 등이다. 특히 내·외부의 파트너들과 일을 진행할 때 용어, 업무, 일정 등 업무에 있어서 필요한 모든 것에서 동일한 기준을 사용하고 공유해야 한다. 그래야 서로 간의 오해로 인한 업무 지체나 오류를 최소화할 수 있고, 생산성을 높일 수 있다.

2) 라이브러리(Library): 라이브러리에는 여러 의미가 있다. 여기서 라이브러리는 프로젝트를 진행했던 자료들을 한데 모아놓은 일종의 자료집을 의미한다. 필요한 자료들을 모아서 문서화해놓은 것이다. 이렇듯 관련 자료를 위키(Wiki) 방식으로 만들어서 운영하면 효율적으로 라이브러리를 운영할 수 있다. 위키로 만든 자료를 내·외부의 파트너들과 공유해서 프로젝트를 진행하면 협업할 때 생산성을 높일 수 있다.

3) 툴(Tool) 사용: 어떤 업무를 하든지 툴을 사용하게 된다. 특히 내·외부 파트너들과 공동으로 여러 프로젝트를 진행하는 업무를 할 때 툴은 하나의 툴을 사용하는 것이 기본이다. 하나의 툴을 반복해서 사용하면 툴을 사용하는 데 익숙해지고 다양한 기능을 활용할 수 있게 된다. 따라서 툴이 제공하는 유용한 기능들을 꾸준히 사용해 프로세스를 만들면 당연히 생산성은 높아질 것이다. 어떤 툴을 사용해야 하는가는 환경과 상황에 따라서 다를 수 있다. 이와 관련해서는 앞의 글인 '생산성을 높이기 위한 툴이란?'을 다시 참고해보자.

4) 커뮤니케이션(Communication) 오류의 최소화: 협업을 하다 보면 커뮤니케이션 오류로 인해서 업무나 프로젝트가 지체되는 경우가 있다. 내부의 파트너들과 커뮤니케이션을 할 때도 각자의 해석이 달라서 커뮤니케이션의 오류가 생기고, 외부의 파트너들과 진행할 때는 각자의 조직이나 환경에 따라 커뮤니케이션 오류가 발생한다. 메일이나 메신저를 활용한 커뮤니케이션을 할 때 생산성을 높이기 위해서는 최대한 자주 소통하며 커뮤니케이션 오류를 최소화해야 한다. 이는 특히 외부 파트너들과의 프로젝트나 업무를 할 때 중요하다.

생산성을 높일 때는 루틴화된 업무를 처리하는 프로세스와 일회성 업무를 처리하는 프로세스가 반드시 각각 필요하다. 이는 어떤 툴을 사용하는지와는 상관없다. 먼저 자기만의 프로세스를 만든 후에 이를 필요한 툴이나 온라인 서비스에 적용해보면서 나에게 맞는 생산성 향상을 위한 툴을 선택해가는 것이 중요하다.

나에게 맞는 툴이 어떤 것인지는 그 툴을 사용해보기 전까지 모른다. 그래서 다양한 툴을 사용해보는 과정이 필요하다. 다행히 대부분의 생산성 툴은 한시적이지만 무료로 사용해보는 기간을 주는 프리미엄 서비스를 제공하고 있다. 따라서 먼저 나에게 맞는 프로세스를 만든 후에 내게 유용할 듯한 서비스를 찾아 거기에 내 프로세스를 적용해보는 순서로 업무의 생산성을 높여가면 좋을 것이다.

노션은 흡사 레고와 같다. 우리가 레고를 가지고 놀 때 기본 재료인 작은 브릭들을 활용해 근사한 완성품을 만들어내듯이 노션 역시 블록들을 활용해 멋지고 다양한 워크스페이스를 만들 수 있다. 이렇듯 이번 장에서는 레고를 통해 노션의 기본 구조를 차근차근 이해해보고, 노션의 구성하는 요소들에는 무엇이 있는지 자세히 알아본다.

2장

노션의
이해

2-1
레고를 이해하면 노션이 보인다

노션의 구조를 잘 이해하면 노션을 더욱 효과적으로 활용할 수 있다. 이 구조를 이해하기 위해서는 만인의 장난감인 레고(Lego)를 이해하면 된다.

레고의 비즈니스적 변화

노션의 구조를 레고에 빗대어 설명하기 전에 먼저 레고의 사업적인 변화에 대해서도 짚고 넘어가보고자 한다. 어떤 브릭이든 창의적으로 조립해 새로운 완성품을 만들어내는 레고의 특성처럼 레고라는 회사 자체도 그러한 창의적인 융합에 유연하게 반응하며 기업을 혁신해가고 있기 때문이다.

레고는 오랜 시간 사람들이 가지고 논 장난감이다. 그러나 갈수록 레고가 상당히 진화하고 있고, 다양한 분야에서 활용되고 있기 때문에 레고 입장에서 이제는 장남감이라는 수식어가 억울할 수도 있겠다. 레고는 디지털 시대에 맞게 '레고 디지털 디자이너(PC용 레고 디자인 프로그램)', '레고 쿠수(레고 고객들의 아이디어를 상품화해 레고 시리즈를 만드는 프로젝트 웹 사이트)', 'AFOL(Adult Fans Of Lego, 성인 레고 팬 커뮤니티)'와 같은 크라우드 소싱 프로그램을 운영한다. 또 '마인크래프트 레고', '라이프 오브 조지(Life of George, 스마트폰 레고 게임)'처럼 모바일 시대에 필요한 게임 비즈니스와 함께 '마인드스톰(레고 블록으로 프로그래밍되는 로봇을 만드는 레고의 제품군)', 3D 프린팅 및 영화 등과의 협업을 통해 다양한 산업군과 공존하는 프로그램들을 운영한다. 이처럼 레고는 디지털 시대에 맞게 사업 모델을 바꾸면서 매출이 크게 늘어났고, 영향력도 높아지고 있다.

레고의 브릭은 노션의 블록

레고는 '브릭'이라는 다양한 종류의 블록 조각을 조합해서 완성품을 만들 수 있다. 따라서 레고는 설명서와 브릭만 있으면 무엇이든 만들 수 있고, 설명서 없이 브릭들을 조합해서 개인별로 완성품을 만들 수도 있다. 노션의 구조를 파악할 때 이러한 레고의 특성과 비교하면 이해하기 쉽다.

레고를 구성하는 기본은 브릭이다. 레고는 다양한 모양의 브릭들을 이용해 부분 부품을 만들고, 그렇게 만든 부분 부품들을 모아 하나의 완성된 레고 작품을 만든다. 노션도 레고의 브릭에 해당하는 '블록'을 기본 구성으로 한다.

레고의 브릭들

출처: pixabay

노션은 다양한 기능을 하는 블록들을 조합해서 목적에 맞는 '페이지'를 만들 수 있다. 노션의 페이지는 레고에서의 '기본 플레이트'와 같다. 레고는 기본 플레이트 위에다 레고의 기본 브릭이나 기능 브릭을 조합한다. 레고의 부분 부품들을 모아 설명서에 있는 레고 혹은 레고 사용자가 구상한 완성품을 만드는 것처럼 노션도 블록으로 구성된 페이지를 만든다. 각 페이지는 역할에 맞는 기능으로 구성할 수 있다. 페이지를 만드는 과정에서 사용자가 디자인을 잘 못해도

레고의 기본 플레이트

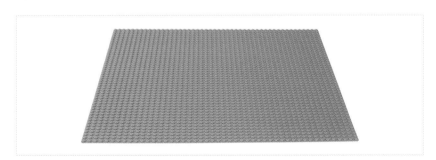

출처: 레고 코리아 홈페이지

레고와 노션 비교

레고	노션
브릭	블록
기본 플레이트	페이지
완성품	워크스페이스

노션 블록에서 지원하는 기본 디자인이 적용되기 때문에 보기 좋게 정렬된 페이지를 쉽게 만들 수 있다.

　페이지들은 '워크스페이스'를 구성한다. 워크스페이스는 사용자의 필요에 따라 만들 수 있으며, 일반적으로 프로젝트나 개인 업무 단위로 만든다. 워크스페이스는 레고의 완성품과 같다. 설명서에 따라 기본 플레이트 위에 레고 브릭들을 조합해 레고 작품 하나를 완성하게 되는 것처럼, 노션에서는 블록과 페이지들을 조합해서 워크스페이스를 구성하고 사용하게 된다. 노션을 효과적으로 사용하기 위해서는 노션을 사용할 때 자주 사용하는 요소들에 대한 이해가 필요하다. 앞서 이야기한 블록과 페이지, 워크스페이스에 대한 구조적인 이해와 더불어 노션이라는 툴을 활용할 수 있는 영역에 대해서도 잘 알아두면 노션을 훨씬 효과적으로 사용할 수 있다.

2-2
노션의
구성 요소와 이해

노션의 세 가지 요소

노션은 크게 블록, 페이지, 워크스페이스의 세 가지 요소로 구성되어 있다. 이 요소들을 잘 이해하면 노션을 활용한 개인 활동 및 업무 영역에서의 생산성 향상과 협업을 효율적으로 이룰 수 있다.

블록은 콘텐츠를 만들 때 쓰는 최소 단위다. 블록에 콘텐츠를 직접 작성하거나 임베드(Embed)와 임포트(Import) 등의 방법으로 블록을 구현할 수 있다. 다양한 개체로 만든 블록들을 모아 페이지를 구성하고, 여러 개의 페이지를 정의한 역할에 맞게 필요한 기능을 넣어 정리하면 하나의 워크스페이스가 구성된다. 단, 몇 개의 워크스페이스를 운영할 수 있는지 여부는 계정의 권한에 따라 다르다. 노션은 이러한 구성 요소를 기반으로 사용자가 콘텐츠를 제작하고 관리하거나, 사용자의 일상을 정리하는 데 효과적인 툴이다.

　노션이 가진 구성 요소 중에 다른 생산성 툴과 차별화된 기능은 '데이터베이스' 기능이다. 블록을 만들 때 데이터베이스 블록을 만들 수 있는데, 데이터베이스는 다양한 방식으로 노션의 정보를 구조화할 수 있다. 예를 들어 영화 목록, 도서 목록, 할 일 목록, 여행지 목록 등의 정보를 입력해서 다양한

데이터베이스 기능으로 만들어진 독서 목록

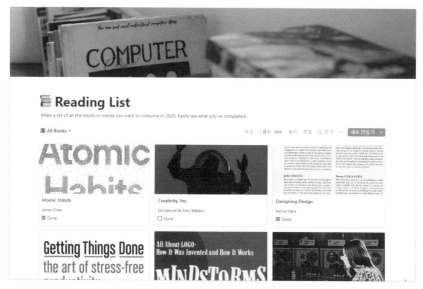

출처: 노션 해외 템플릿 갤러리

방식으로 볼 수 있다.

다음은 노션이 어떤 툴인지에 대해 네 가지로 정의해본 것이다. 이 네 가지 정의는 노션의 기능 전반을 요약해 설명한다. 노션이 얼마나 유용한 생산성 도구인지 이 네 가지 정의를 통해 먼저 간략하게 살펴보자.

노션은 콘텐츠를 제작하고 관리하는 툴이다

노션은 콘텐츠를 쉽고 편리하게 제작하고 관리할 수 있는 툴이다. 특히 노션의 블록은 콘텐츠 제작 시 유용하다. 노션 사용자는 블록을 활용해 텍스트와 이미지, 디자인과 영상 등을 '업로드, 링크, 임베드, 임포트'라는 방법으로 추가할 수 있다. 즉 블록에서 지원하는 다양한 방법을 사용해 여러 미디어로 콘텐츠를 구성할 수 있기 때문에 노션은 콘텐츠 제작에 탁월하다.

노션은 이미 제작한 콘텐츠를 관리할 때도 효율적이다. 다양한 형태의 콘텐츠로 구성을 쉽게 전환할 수도 있으며, 태그를 이용해서 콘텐츠를 관리할 수도 있다. 노션은 마크다운(Markdown, 온라인에서 글을 쓰는 사람들이 쉽게 글을 쓸 수 있도록 하는 텍스트 문법. HTML로 쉽게 변환할 수 있으며 재사용이 가능한 서식이다)을 지원하기 때문에 마크다운을 지원하는 다른 온라인 서비스들과도 콘텐츠 호환이 가능하다.

노션은 업무와 일상에서 같이 사용할 수 있는 툴이다

노션은 워크스페이스를 만들어서 쓸 수 있다. 워크스페이스는 사용자 개인용 또는 프로젝트나 작업을 공유할 수 있는 팀용으로 원하는 용도에 맞게 생성할 수 있다. 즉 노션은 개인용과 업무용을 같이 관리하며 운영할 수 있는 생산성 앱이자 프로그램이다.

필자는 새로운 생산성 앱을 사용해보는 것을 좋아하지만 특히 이러한 활용성이 마음에 들어서 노션을 처음 사용하게 되었다. 필자의 경우 1인 기업 형태로 사업을 운영하고 있기 때문에 효율적으로 업무하는 것이 무엇보다 중요했다. 그런 면에서 업무 외의 개인 일정 관리까지 모든 일을 하나의 툴

노션 워크스페이스는 개인용과 팀용으로 만들 수 있다.

에서 구현할 수 있다는 점은 노션의 큰 장점이었다. 물론 더 많은 기능을 사용하려면 유료 버전을 사용해야 하지만 처음 노션에 입문하는 단계에서는 무료로 사용해보면서 사용 영역을 늘려가는 것을 추천한다.

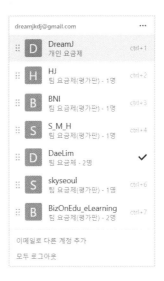

워크스페이스 목록

노션은 데이터베이스를 운영할 수 있는 툴이다

앞에서부터 강조하고 있지만 노션이 가진 여러 기능 중 필자 개인적으로 가장 유용하다고 생각하는 기능은 데이터베이스다. 노션에서 데이터베이스는 쉽게 말해 사용자가 입력한 정보를 저장해놓는 기능이다. 예를 들어 주소록이나 상품 정보 등 본인이 추가하려는 정보를 그에 알맞는 데이터베이스 옵션으로 저장해놓는 것인데, 이때 본인이 필요할 때마다 저장된 자료를 다시 조합해 새로운 데이터베이스를 만들거나 저장된 자료 중 특정 데이터만 가져와서 새로운 페이지를 만들 수도 있다. 그 외에도 데이터베이스에서 지원하는 많은 함수도 유용하게 사용할 수 있다. 그렇다고 함수들을 다 외우면서 노션을 사용할 필요는 없다. 엑셀에서 지원하는 대부분의 함수를 노션에서도 사용할 수 있기 때문에 그때그때 기능이 필요할 때마다 함수가 있는지 여부만 검색해서 활용하면 된다.

노션을 비롯한 여러 프로그램을 사용하다 보면 자주 쓰는 기능들이 생기고 자연스럽게 필요한 함수들을 찾아보게 된다. 그러다 보면 프로그램 사용에 익숙해지기 때문에 데이터베이스와 관련한 함수 사용에 조급하게 익숙해지려고 할 필요는 없다. 중요한 것은 노션이 사용자가 필요할 때 필요한 만큼의 다른 데이터베이스 자료를 가져와 새로운 데이터베이스와 함수를 사용해서 정보를 만들 수 있다는 점이다.

노션은 온라인에서 정보를 수집하고 정리하는 데 유용한 툴이다

앞서 말했듯 노션은 입력한 정보를 데이터베이스로 정리해서 활용할 수 있다는 점이 큰 장점이다. 데이터베이스로 정리할 수 있는 정보는 사용자가 노션에 직접 등록한 정보 외에도 '웹 클리핑(Web Clipping)'으로 노션에 스크랩한 정보도 있다. 웹 클리핑이란 인터넷에 있는 자료들을 저장하는 것을 말한다. 이때 단순히 인터넷 자료를 저장하는 것을 넘어 노션에서는 이것 역시 데이터베이스로 관리할 수 있다. 말하자면 노션에서의 웹 클리핑은 온라인에서 정보를 수집하고 정리하는 데 너무나 유용한 방법인 것이다.

크롬과 같이 확장 프로그램을 지원하는 브라우저에 웹 클리핑 확장 프로그램인 '노션 웹 클리퍼'를 설치하면 노션을 실행하지 않아도 브라우저에서 확장 프로그램 아이콘 클릭만으로 웹 클리핑을 할 수 있으며, 웹 클리핑한 노션 홈페이지에서 '다운로드' 카테고리의 'Web Clipper'를 클릭해 노션 웹 클리퍼를 다운 받을 수 있다.

크롬 웹 스토어에서 노션 웹 클리퍼(Notion Web Clipper) 검색 후 'Chrome에 추가'를 클릭해 노션 웹 클리퍼를 다운받을 수 있다.

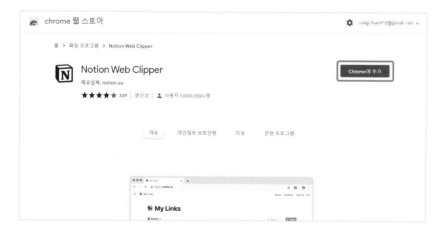

자료를 노션에 저장할 수 있다. 노션 웹 클리퍼는 노션 홈페이지 또는 크롬
웹 스토어에서 검색해 다운받을 수 있다.

크롬에 노션 웹 클리퍼를 확장 프로그램으로 설치한 목록

크롬 확장 프로그램에서의 노션 웹 클리퍼 실행 아이콘

노션 웹 클리퍼 클릭 시 뜨는 팝업 창

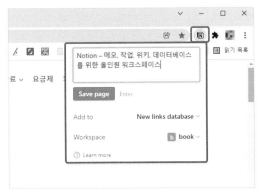

마블(Marvel)의 코믹스를 기반으로 한 세계관을 '마블 시네마틱 유니버스(Marvel Cinematic Universe)'라고 하는 것처럼 노션을 중심으로 한 다양한 서비스들이 파생되는 것 역시 '노션 유니버스(Notion Universe)'라고 할 수 있다. 그만큼 노션과 연계된 각종 서비스가 많다는 뜻이다. 이번 장에서는 노션의 핵심 기능들을 본격적으로 살펴보면서, 노션과 연계된 다양한 서비스들과 그 서비스들을 유용하게 사용하는 방법에 대해서도 알아본다.

노션
유니버스

3-1

노션
시작하기

노션은 레고처럼 블록이라는 단위의 콘텐츠, 블록을 모은 페이지, 페이지를 모은 워크스페이스라는 구조로 되어 있다. 이는 노션이라는 앱의 주요 요소들을 말한 것이며, 노션에는 이 외에도 많은 요소가 있다. 노션 계정은 유료 계정과 무료 계정으로 분류된다. 워크스페이스별로 유료 계정을 사용할지 무료 계정을 사용할지 설정할 수 있다.

노션에는 노션 안에서 기본적으로 제공하는 콘텐츠 요소 외에 노션 유니버스라고 말할 수 있을 만큼 다양한 연계 서비스들이 있다. 템플릿을 무료로 사용하거나 유료로 구매할 수 있는 서비스, 구글 애널리틱스 자료를 가져와서 페이지에 임베드할(끼워 넣을) 수 있는 서비스, 워크스페이스의 검색 엔진 노출 성과를 높이는 서비스 등등이다. 현재 노션은 사용자가 많아지면서 그 기능과 역할을 확장할 수 있는 유·무료의 관련 서비스들이 계속해서 생기고 있다.

다운로드와 실행

노션을 시작하는 방법은 너무나 단순하다. 스마트폰이나 태블릿용 앱에서 노션을 다운로드한 후에 회원가입을 하거나 노션 홈페이지(www.notion.so)

노션 홈페이지

에 들어가 회원으로 가입하면 된다. 회원가입이 귀찮다면 구글 계정으로 계정을 연동해 회원가입도 넘길 수 있다. 지금부터 노션을 사용하기 위한 다운로드와 가입 과정을 자세하게 살펴보자.

애플리케이션용 노션 다운로드

노션 앱은 노션 홈페이지 '다운로드' 메뉴에서 스마트폰으로 링크를 전송받아서 다운로드받거나, 애플 앱 스토어 또는 구글 플레이 등에서 검색해 직접 다운로드받을 수 있다.

애플 앱 스토어 노션 검색 화면

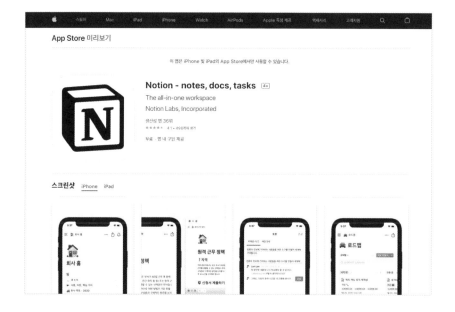

구글 플레이 노션 검색 화면

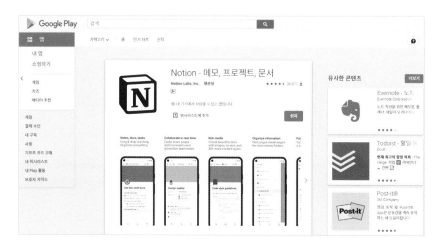

일잘러는 노션으로 일합니다

노션 시작 화면

노션 구글 계정 연동

노션 온라인 홈페이지나 앱 스토어에서 노션 애플리케이션을 설치한 후에 시작 화면을 확인했다면 이제 노션을 사용하기 위한 준비는 끝난 것이다. 계정을 새로 만들거나 기존 계정으로 노션을 시작하면 된다. 구글 이메일 계정이 있다면 따로 계정을 만들지 않고 연동해서 사용할 수 있으니 특별한 경우가 아니라면 구글 계정으로 연동해서 사용하는 것을 추천한다. 구글 계정이든 다른 메일 계정이든 로그인 후에는 웹 브라우저에서 노션을 사용하거나 노션 앱을 실행해서 사용한다.

노션 실행하기

![Tip] 구글 계정으로 노션을 시작한 후에도 '로그인 계정'을 변경할 수 있으니, 처음
시작한 계정으로만 사용할 필요는 없다. 상황에 따라 로그인 계정을 변경해도 된다.

3-2
노션의
핵심 요소들

2장에서도 설명했지만 노션의 주요 구성 요소는 블록과 페이지, 워크스페이스다. 블록은 노션에서 콘텐츠를 만드는 최소 단위의 구성 요소다. 블록이 모여 페이지가 되고, 페이지가 모여 워크스페이스가 되는 식이다. 노션에는 이 세 가지의 핵심 구성 요소 외에 많은 요소가 있다. 이 책에서는 모든 요소에 대해서 다 알아보기보다는 자주, 그리고 유용하게 사용하는 요소들의 사용법에 대해서 알아보겠다.

블록

블록의 역할

노션에서 블록은 콘텐츠 제작의 최소 단위다. 블록을 모아서 페이지를 구성하고, 블록의 속성을 변경해서 페이지를 구성하는 콘텐츠의 형태를 바꾸거나 페이지 구성 자체를 바꿀 수 있다. 레고의 브릭이 다양한 모양과 기능을 하는 것처럼 노션의 블록도 다양한 콘텐츠 형태와 기능을 구현할 수 있다. 또한 콘텐츠 유형의 전환 역시 기능 구현이 복잡하거나 어렵지 않다. 주로 마우스 오른쪽 버튼으로 블록의 기능을 전환할 수 있고, 마우스로 드래그해 블록의 위치와 순서를 변경할 수 있기 때문에 페이지 내에서 콘텐츠를 쉽게 수정하고 편집할 수 있다.

블록의 기본 콘텐츠는 텍스트 블록이다. 블록은 다양한 형태의 텍스트를 입력하는 것을 기본으로 하며 편집 등을 할 수 있다.

'+'를 클릭해 블록 텍스트 추가하기

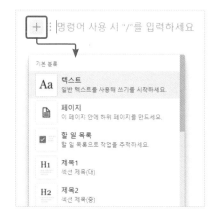

블록 추가 및 전환

블록에 텍스트를 입력하는 방법은 간단하다. 먼저 블록 왼쪽의 '+'를 클릭하거나 '/'를 타이핑한 후에, 입력할 텍스트 형태를 선택하고, 마지막으로 텍스트를 입력하면 된다.

노션의 큰 장점은 유연성이다. 노션은 블록에 추가한 텍스트를 다른 형태로 바꿀 수 있는 부가 기능인 '전환'을 사용해서 콘텐츠의 형태를 바꿀 수 있다.

블록으로 전환할 수 있는 옵션들은 대부분 직관적으로 알 수 있기 때문에 필요한 경우 어렵지 않게 활용할 수 있다.

실제로는 노션을 사용하며 블록에 콘텐츠를 추가하기 전에 대부분이 콘텐츠의 형태를 결정하고 추가하기 때문에 콘텐츠를 추가한 후에 그 콘텐츠를 다른 형태로 전환하는 경우는 드물다. 전환보다는 텍스트를 콘텐츠화하는 페이지로 블록을 확장하는 경우가 더 많다. 주의할 점은 블록에서 페이지로 상위 전환을 하면 그 페이지는 후에 다시 블록으로 하위 전환을 하기가 어렵다는 것이다.

'/'를 타이핑한 후 블록 텍스트 추가하기

텍스트 블록 콘텐츠의 부가 기능들

블록 전환

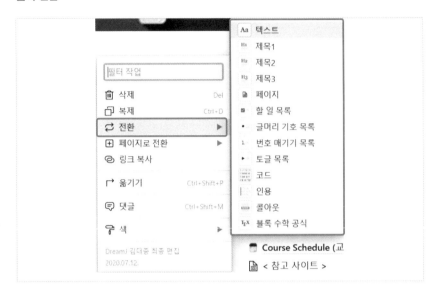

블록을 페이지로 전환하기

노션은 페이지 역시 유연하게 사용할 수 있다. 자세한 것은 뒤에서 본격적으로 페이지를 설명할 때 이야기하겠지만 블록을 페이지로 확장할 때는 '전환'보다는 '페이지로 전환'을 사용하면 유용하다. 일반적으로 텍스트 블록을 페이지로 전환할 수 있으며, 새로 페이지를 만들거나 기존에 있던 페이지에 전환하는 페이지를 하위 페이지로 추가할 수 있다.

일잘러는 노션으로 일합니다

블록을 페이지로 전환

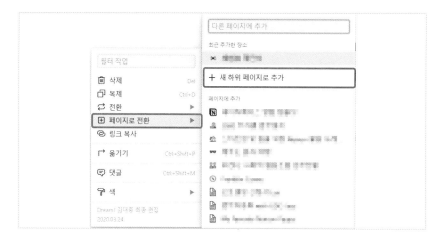

블록에 추가할 수 있는 콘텐츠

블록에 추가할 수 있는 콘텐츠 유형에는 텍스트 외에 '인라인', '데이터베이스', '미디어', '임베드', '고급 블록'이 있다. 선택한 블록 유형 안에서 원하는 형태의 기능을 선택하기 전에 원하는 기능에다 마우스 커서를 두면 오른쪽에 뜨는 미리 보기 창으로 기능들을 미리 확인할 수 있다.

인라인 블록

인라인 콘텐츠는 페이지 내에서 필요한 행위를 할 수 있다. 다른 사용자에게 메시지를 보내거나, 페이지를 멘션하거나, 날짜 입력과 알림 설정, 이모지 사용 등의 행위다. '인라인 수학 공식'은 텍스트에 수학 기호를 사용할 때 쓰는 기능이다.

인라인 블록과 오른쪽의 미리 보기 창

미리 보기

블록에 '@'를 입력해 필요한 기능을 사용할 수도 있다. 이 기능들은 콘텐츠나 페이지에 대한 의견을 공유하며 내·외부로 협업할 때 주로 사용 가능하다.

블록에 '@' 입력 시 나타나는 인라인 블록

데이터베이스 블록

데이터베이스 콘텐츠는 노션 활용의 핵심이다. 데이터베이스는 선택한 데이터베이스 폼에 데이터를 입력하고서 필요한 페이지에다 불러오거나 기존에 만들어져 있던 데이터베이스를 불러와 사용할 수 있다. 데이터베이스 블록에서 선택하는 옵션은 데이터를 어떤 형식으로 입력할 것인지와 데이터베이스를 불러온 페이지에 어떻게 보이게 할 것인지를 선택하는 옵션이다.

데이터베이스는 페이지에 표시되는 방식에 따라 '인라인'과 '전체 페이지' 방식으로 나눌 수 있다. 각 방식에는 '표', '보드', '갤러리', '리스트', '캘린더', '타임라인' 유형을 생성할 수 있다. 이 유형들과는 별도로 '링크된 데이터베이스 생성'은 기존에 생성된 데이터베이스를 불러와 블록을 생성할 수 있다. 데이터베이스의 활용에 관련해서는 뒤의 5장에서 더욱 자세히 알아보겠다.

데이터베이스 블록

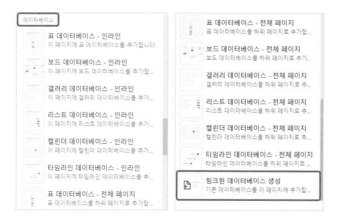

미디어 블록

미디어 블록

미디어 블록은 페이지에 다양한 미디어 파일들을 추가할 수 있는 블록이다. 이미지, 동영상, 오디오와 같이 일반적으로 생각할 수 있는 미디어 파일 외에도 북마크와 코드, 파일을 첨부할 수 있는 파일 등의 다양한 미디어 파일들을 저장하거나 페이지에 임베드할(끼워 넣을) 수 있다.

동기화 블록

고급 블록 중에서 동기화 블록은 같은 워크스페이스나 다른 워크스페이스의 페이지에 같은 내용을 넣어야 할 때 유용하게 활용할 수 있는 블록이다. 같은 내용을 여러 페이지에 추가, 수정할 때 한꺼번에 적용할 수 있기 때

동기화 블록

문에 중복된 작업을 할 필요가 없어 생산성을 높이는 데도 매우 유용하게 활용할 수 있다.

표 블록

노션 기본 블록 중에는 간단하게 표를 만들 수 있는 블록이 있다. 이전까지 노션에서 표는 데이터베이스를 만들 때 많이 사용하는 블록이었다. 그래서 데이터베이스를 만들기 위한 표가 아니라 간단한 표를 써야 할 때 아쉬움이 있었는데 노션이 업데이트되면서 데이터베이스 기능이 없는 표를 만들 수 있는 블록이 생겼다. 별다른 기능 없이 워드, 한글, 페이지에서 표를 추가하는 것처럼 노션 페이지에 일반적인 표를 만들 수 있게 되어 노션의 활용성이 높아졌다. 표 블록에 대해서는 조금 더 자세히 설명해보려 한다.

표 만들기

사용 방법은 다른 블록들과 다르지 않다. 명령어 '/표'를 검색해 나오는 기본 블록에서 '표'를 클릭하면 만들 수 있다.

기본 표 생성

기본 표는 3행 2열로 생성된다. 생성된 기본 표는 옵션으로 편집해서 사용할 수 있다.

표 제목 설정하기

표의 빈 셀을 클릭하면 '설정' 옵션이 나온다. 설정을 누르면 표의 행 또는 열, 혹은 행과 열 모두에 제목 셀을 추가할 수 있다.

열과 행 추가하기

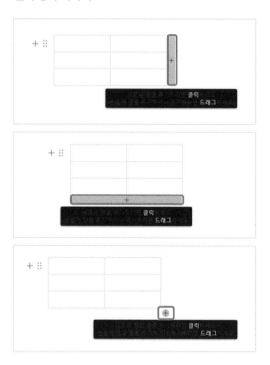

표 오른쪽과 아래에 마우스 커서를 두면 '+'가 생긴다. '+'를 클릭하면 열과 행을 추가할 수 있다. 열과 행을 동시에 추가하려면 표 오른쪽 아래 꼭지점에 있는 '+'를 클릭해 마우스 드래그로 표를 늘이면 된다.

기본 표에 행, 열, 제목 추가 완료

단순한 표 만들기

위치	시	임대료	일정
강남			
광화문			
을지로			
구로			

명령어 사용 시 "/"를 입력하세요

위 과정에 따라 필자는 3행 2열에서 5행 4열로 표를 편집했다. 더불어 행과 열에 제목을 추가했다.

기본 표의 제목 열 옵션

기본 표의 제목 행 옵션

　행과 열의 제목 셀에는 제목 설정을 비활성화할 수 있는 옵션이 있다. 다른 옵션들은 제목 셀이 아닌 일반 셀의 옵션과 동일하다. 셀의 색·행·열 삽입, 셀 복사, 콘텐츠 지우기, 삭제 옵션이다.

기본 표 행 옵션

기본 표 열 옵션

　　이런 식으로 표 옵션을 사용해 단순한 표에 행·열을 추가하고, 배경색과 콘텐츠를 추가해 표에 내용을 추가하면 아래와 같은 표를 만들 수 있다.

단순한 표 만들기 완성

표를 데이터베이스로 전환

노션 표 블록은 데이터베이스로 만들 수 있다. 표 옵션 중 설정 오른쪽의 더보기(…)를 클릭하면 '데이터베이스로 전환'을 클릭해 작성한 표를 데이터 베이스로 만들어서 사용할 수 있다.

여기까지 노션의 블록에서 추가할 수 있는 콘텐츠 유형들 중 유용한 기 능들을 추려서 이야기해보았다. 노션의 블록을 사용하면 이처럼 효율적으로 업무에 필요한 콘텐츠 관리가 가능하다.

페이지

페이지의 역할

노션의 페이지는 레고의 기본 플레이트와 같은 역할이다. 블록으로 생성한 콘텐츠를 보기 좋게 배치할 수 있는 밑바탕인 것이다. 페이지는 해당 페이지나 워크스페이스를 운영하는 의도에 맞게 구성하고 편집할 수 있다.

레고의 기본 플레이트는 그 위에 레고의 기본 브릭이나 기능 브릭 등을 조합해서 설명서에 맞는 레고나 사용자가 생각하는 레고를 완성하는 데 바탕이 된다. 노션의 블록으로 생성한 콘텐츠들이 레고의 브릭과 같다면 기본 플레이트 위에 적절히 브릭들을 조합해 레고가 완성되는 것처럼, 노션에서는 블록으로 생성한 콘텐츠를 페이지 위에 사용자가 기획한 구성으로 배치하고 조합해서 하나의 페이지를 완성한다.

페이지는 블록의 조합이지만 동시에 워크스페이스를 구성하는 요소이기도 하다. 워크스페이스를 구성하는 요소로서 페이지에는 저마다의 역할이

노션 페이지 구성

있다. 페이지의 역할은 노션 사용자가 직접 만들어 설정할 수 있고, 미리 설정된 역할을 하는 페이지를 사용자가 선택해 사용할 수도 있다. 이때 미리 설정된 역할을 하는 페이지는 왼쪽 사이드바 하단의 '템플릿'에서 불러올 수 있다.

새 페이지 생성하기

페이지를 생성하는 방법은 여러 가지다. 노션을 열었을 때 나오는 왼쪽 사이드바 하단의 '+ 새 페이지'를 클릭하거나 기존의 페이지 목록 하단에 있는 '+ 페이지 추가'를 클릭하는 방법, 그리고 섹션(워크스페이스, 개인 페이지)의 오른쪽 '+'를 클릭하는 방법, 기존 페이지의 오른쪽의 '+'를 클릭해 '페이지 내에 하위 페이지 추가'를 하는 방법이 있다. 이 외에도 기존 페이지 안에 있는 텍스트를 '전환'해서 페이지를 생성할 수도 있다.

새 페이지 생성 방법
❶ 사이드바 하단의 '+ 새 페이지' 클릭
❷ 페이지 목록 하단의 '+ 페이지 추가' 클릭
❸ 섹션의 오른쪽 '+'를 클릭
❹ '페이지 내에 하위 페이지 추가'
❺ 텍스트를 페이지로 '전환'

이 중 '페이지 내에 하위 페이지 추가'의 방법과 텍스트를 페이지로 '전환'하는 방법은 연결된(링크된) 페이지를 생성하는 것이고, '+ 새 페이지'나 '+ 페이지 추가'를 클릭하는 방법은 아예 새로운 페이지를 만드는 방법이다. 페

새 페이지 만들기

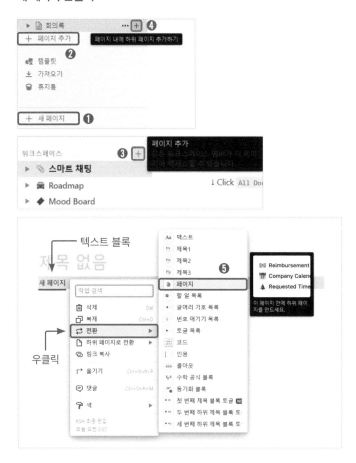

이지를 어떤 방법으로 생성했는지, 어떤 워크스페이스(개인 요금제, 팀 요금제)에서 생성했는지에 따라 옵션이 다르다.

‘+ 새 페이지’를 클릭해 생성한 새 페이지

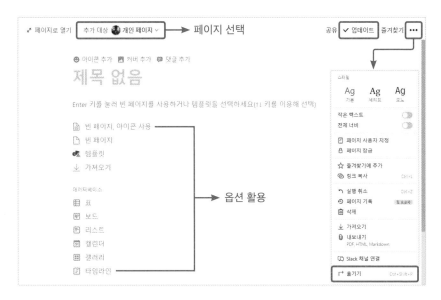

왼쪽 사이드바 하단의 ‘+ 새 페이지’를 클릭해 페이지를 생성할 경우 해당 워크스페이스의 기존 페이지 목록 중에 원하는 페이지를 선택해 그 페이지의 하위 페이지로 새 페이지를 추가할 수 있다. 새 페이지를 하위 페이지로 추가할 기존 페이지 선택은 새 페이지 창 왼쪽 상단의 ‘추가 대상’ 옵션을 클릭해 선택할 수 있다. 페이지는 ‘옮기기’ 옵션으로 다른 페이지의 하위 페이지로 옮기거나 다른 워크스페이스로 옮길 수 있다.

새 페이지를 생성한 후에는 페이지에서 사용할 수 있는 옵션들을 활용해 콘텐츠 블록을 추가할 수 있다. 템플릿을 가져와 페이지를 구성하거나 처음부터 빈 페이지로 시작해 원하는 대로 페이지를 만들거나 아예 데이터베이스로 페이지를 구성할 수 있다. 페이지에 사용할 수 있는 옵션은 노션 안에서 친절하게 설명되어 있으니 필요한 기능을 활용하면 된다. 이런 식으로 생성한 페이지를 우리가 사용하고자 하는 의도에 맞는 페이지로 만들어서 활용할 수 있다.

사실 페이지를 본격적으로 활용하기 전에는 어떤 페이지를 만들지 의도를 정해 기획하고 이 페이지를 어디에 쓸지를 먼저 정하는 것이 중요하다. 기획과 의도에 맞게 어떤 블록들이 필요한지를 정리하고, 블록을 생성하고 콘텐츠 블록을 페이지에 추가하면서 페이지를 완성한다.

페이지 업데이트 활용하기

노션을 사용해서 협업할 때 유용한 페이지 기능이 '업데이트' 기능이다. 메뉴 이름은 업데이트이지만 실제 기능은 페이지가 어떻게 변경되어 왔는지 작업 정보를 확인할 수 있는 '페이지 히스토리'라고 할 수 있다. 페이지를 열었을 때 오른쪽 상단의 메뉴 중 '시계 아이콘' 또는 '업데이트' 글씨를 클릭해 확인할 수 있다. 업데이트는 개인 워크스페이스에서도 유용하지만 내·외부와 협업할 때 페이지의 변경 내역을 확인할 수 있기 때문에 훨씬 유용하다.

업데이트 기능에는 업데이트가 적용되기 전으로 페이지를 복원하는 기능도 있다. 다만 무료 버전에서는 복원 기능을 사용할 수 없다. 유료 버전의 워크스페이스에서는 복원하고자 하는 시점의 페이지를 미리 보여주고 복원할 수 있는 '버전 복원' 기능을 사용할 수 있다.

기업 요금제를 사용하면 30일 전의 버전까지도 복원할 수 있기 때문에 중요한 프로젝트의 경우 기업 요금제로 워크스페이스를 운영하는 것이 좋다. 페이지 복원은 업데이

페이지 업데이트 아이콘

무료 워크스페이스에서 페이지 버전 복원은 지원하지 않는다.

유료 워크스페이스에서는 페이지 버전 복원이 가능하다.

페이지 업데이트 목록

트 목록 왼쪽의 시계 이미지를 클릭하면 된다.

워크스페이스 내에 특정 페이지를 팔로잉 설정하면, 해당 페이지의 업데이트 상황을 왼쪽 사이드바의 '모든 업데이트-팔로잉' 메뉴에서 확인할 수 있다.

모든 업데이트 - 팔로잉

페이지를 팔로우하기 위해서는 페이지 왼쪽 상단 메뉴의 시계 이미지 또는 '업데이트'를 클릭 후 '이 페이지 팔로우'를 활성화하면 설정할 수 있다. 여러 프로젝트를 진행할 때 중요한 페이지들을 이렇게 팔로우하면 페이지 변경 사항을 더 쉽게 확인할 수 있다. 여러 프로젝트 중 필요한 페이지를 효과적으로 관리하는 것은 생산성을 높이는 방법이자 더 나아가서 내·외부와 협업을 효과적으로 할 수 있는 방법이다.

페이지 복제 후 옮기기

필자의 경우 업무상 진행되는 프로젝트들의 성격이 보통 크게 다르지 않기 때문에 특정 기능을 하는 페이지들을 프로젝트마다 자주 사용하게 된다. 그래서 개인 워크스페이스는 협업에 자주 사용하는 페이지들을 모아놓는 영역으로도 사용하고 있다. 즉 개인 워크스페이스를 베이스캠프처럼 사용하는 것이다. 이 경우 주로 개인 워크스페이스에 생성한 페이

지들을 '복제' 후 프로젝트가 진행 중인 워크스페이스에 '옮기기'를 해서 사용한다. 왼쪽 사이드바에서 복제하길 원하는 페이지를 오른쪽 클릭해 페이지 설정 옵션이 뜨면 복제와 옮기기를 할 수 있다.

워크스페이스

워크스페이스의 구성

노션의 워크스페이스는 레고의 완성품과 같다. 레고가 각종 브릭과 기본 플레이트를 사용해서 설명서를 참조하거나 사용자가 임의로 레고를 만들어 한 작품을 완성하는 것이라면, 노션의 워크스페이스는 블록과 페이지를 개인의 업무나 비즈니스 등에 맞게 적절하게 조합해서 업무를 효율적으로 운영할 수 있도록 완성해가는 것이다.

워크스페이스 구성

워크스페이스는 운영하는 프로젝트의 종류에 따라 '개인 워크스페이스'와 '팀 워크스페이스'로 나눌 수 있다. 팀 워크스페이스에는 프로젝트를 같이하는 팀원들과 프로젝트 진행을 함께 관리하고 공유할 수 있는 '워크스페이스' 영역이 있고, 개인적인 업무 진행 상황이나 정보를 관리할 수 있는 '개인 페이지' 영역이 있다. 이렇게 나누어져 있어서 업무를 영역별로 활용할 수 있다는 점은 노션의 큰 장점이다.

팀 워크스페이스는 이름에서도 알 수 있듯 워크스페이스를 사람들과 공유하면서 페이지로 작업 등을 할 수 있는 공간이다. 최근 늘어나고 있는 1인 기업가나 소규모로 사업하는 사람들이 활용하면 유용한 워크스페이스 형태다. 일반적으로 프로젝트별로 워크스페이스를 만들어 외부 담당자나 협업 대상자들과 공유하는 식이다. 노션은 여러 워크스페이스를 운영해도 어려움이 없는데, 이는 워크스페이스에서 업데이트 상황을 실시간으로 확인할 수 있기 때문이고, 또 워크스페이스 내에서 페이지별로 자유롭게 권한을 설정할 수도 있기 때문이다.

빠른 검색 기능과 템플릿 사용

워크스페이스의 페이지 구성이 단순할 때는 상관이 없지만, 페이지가 많아진 상태에서 특정 페이지를 찾아야 할 때는 왼쪽 사이드바 상단의 '빠른 검색' 기능으로 페이지를 검색할 수 있다. 검색은 전체 워크스페이스에서 검색되는 건 아니고 현재 선택 중인 워크스페이스에서만 검색된다.

또 필자의 경우 클라이언트가 다르더라도 비슷한 업무를 주로 하는 편이기 때문에 정형화된 페이지들을 많이 사용한다. 이때 템플릿을 사용하면 반복된 페이지를 만드는 데 드는 시간을 줄일 수 있고, 효율적으로 업무를 바로 진행할 수 있다. 템플릿은 워크스페이스에 참여하는 팀원 수에 따라 무료 버전과 유료 버전으로 사용할 수 있다. 처음부터 유료 버전으로 사용

워크스페이스 빠른 검색

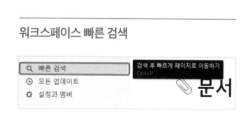

할 수도 있겠지만, 무료 버전에서 시작해서 필요에 따라 유료 버전으로 전환하는 것도 방법이다.

요금제 설정

노션은 2020년 5월 19일 이후부터 모든 개인 사용자들에게 무료 버전을 제공했다. 따라서 노션에 대해서 알아보거나 시험적으로 사용을 시작할 때는 개인 무료 사용도 충분하다. 개인 사용자지만 노션을 비즈니스용으로 더 많이 사용하고자 할 때는 '개인 프로 요금제'를 사용하면 된다. 무료 사용과는 초대할 수 있는 게스트 수, 페이지 버전 기록 기간, 노션에서 기술이나 사용에 관한 지원 수준의 차이 정도가 있다. 이 외에도 무료냐 유료냐에 따라 기술적인 차이가 있지만 대부분의 사용자들에게는 영향이 없는 부분이라 생략하겠다. 정말 큰 차이가 나는 부분은 개인에서 팀 요금제로 전환했을 때다. 이 경우 여러 명이 팀을 이루어서 프로젝트를 진행할 때나 규모가 작은 기업이 일할 때 적합한 기능 등을 훨씬 효율적으로 설정할 수 있다.

팀 요금제 사용 시 팀의 멤버들 각각의 권한을 설정하는 기능과 해당 워크스페이스의 노션 콘텐츠를 마크다운(Markdown) 또는 HTML 형식으로 내보낼 수 있는 기능은 팀 단위의 프로젝트 운영에 무척 유용하다. 팀 워크스페이스를 만든다고 처음부터 유료로 시작하지 않아도 되고, 필요한 시점에 유료로 전환할 수 있다는 것도 노션의 큰 장점이다.

기업 요금제는 기업이나 조직을 위한 요금제다. 보안 설정, 콘텐츠를 PDF로 내보내는 기능, 모든 페이지의 모든 버전 기록에 무기한 액세스 등의 기능을 지원한다. 요금제는 워크스페이스별로 이용할 수 있고, 결제도 매월 또는 연 단위로 가능하며, 아래 단계로 다운그레이드도 가능하다. 필자는 무료 버전의 워크스페이스와 유료 버전의 워크스페이스를 모두 사용하고 있다. 프로젝트의 규모와 중요도, 진척 정도에 따라서 무료에서 시작해서 유료 요금제로 전환해 사용한다. 앞서 페이지를 설명할 때 이야기한 것처럼 기존의 페이지를 다른 워크스페이스로 옮길 수 있기 때문에 개인 워크스페이스의 페이지들 중 필요한 페이지를 팀 워크스페이스로 옮겨서 사용한다.

템플릿

템플릿의 기능

노션에는 워크스페이스와 페이지를 구성할 때 사용자가 쉽게 구성할 수 있도록 돕는 템플릿 기능이 있다. 템플릿은 파워포인트(PPT)나 키노트(Keynote) 사용자라면 흔히 알고 있는 '서식'과 같은 기능이다. 파워포인트나 키노트에서도 다른 사용자들이 공유해놓은 템플릿이나 무료 또는 유료로 사용할 수 있는 템플릿이 있어서 콘텐츠를 제작할 때 유용하게 쓸 수 있다. 노션에서도 노션 템플릿을 공유하는 온라인 사이트가 있고, 또 검색을 통해 다른 사용자가 공유한 템플릿을 복제해서 사용할 수 있기 때문에 노션을 활용한 콘텐츠 제작이나 프로젝트 관리를

템플릿 구성

블록

템플릿 Page1

Tags

쉽게 할 수 있다.

레고 브릭 중 기능이 정해져 있는 브릭이 노션의 템플릿이라고 볼 수 있다. 즉 사용자가 어디에 쓸지는 정할 수 있지만, 어떤 용도로 쓸지는 정해져 있는 것이 템플릿이다. 이러한 템플릿 사용은 노션을 쉽게 사용할 수 있게 해주고 업무 진행 시 생산성을 높이며 다양한 기능을 활용할 수 있게 해준다.

노션의 템플릿은 두 가지로 분류할 수 있다. 하나는 노션에서 제공하는 공식 템플릿과 나머지 하나는 노션 사용자가 직접 만들어서 공유하는 템플릿이다.

팀 워크스페이스 생성 시 템플릿 선택

템플릿 사용하기

노션 템플릿은 워크스페이스 또는 페이지를 생성할 때 끌어와서, 즉 복제해서 쓸 수 있다. 워크스페이스 단위의 템플릿은 팀 워크스페이스를 생성할 때 '팀 유형' 옵션에서 선택할 수 있다. 이렇게 하면 선택한 유형의 템플릿으로 워크스페이스가 자동 생성된다.

페이지 단위의 템플릿은 노션 왼쪽 사이드바 하단의 '템플릿' 메뉴를 클릭해 템플릿 목록을 확인할 수 있는 팝업 창을 열어 선택할 수 있다.

템플릿 메뉴

템플릿 목록 팝업 창

팝업 창이 열리면 오른쪽의 템플릿 목록 중 자신이 사용할 템플릿 페이지를 선택하면 된다. 그리고 상단에 '템플릿 사용하기'를 클릭하면 현재 사용 중인 워크스페이스에 템플릿이 페이지로 복제된다. 이런 식으로 템플릿을 각각의 페이지처럼 활용할 수 있다. 기본 템플릿 목록에서 원하는 템플릿을 찾지 못했다면 템플릿 목록 하단 '템플릿 더 살펴보기'를 클릭해보자. '템플릿 갤러리'라는 노션 웹 서비스에서 다른 노션 사용자가 공유한 템플릿 목록도 함께 볼 수 있다.

템플릿 갤러리

갤러리에 등록된 템플릿을 선택해서 '복제'하면 노션 웹 서비스(www.notion.so) 안에서 복제되기 때문에 노션 웹 서비스에 로그인 된 상태여야 한다. 로그인을 안 했다면 로그인부터 한 후 필요한 템플릿을 찾아 복제를 클릭한다. 이후 어느 워크스페이스에 복제할지를 선택하면 복제된 템플릿은 해당 워크스페이스에서 페이지와 같은 기능을 한다.

3-3
미디어 블록과 임베드 블록 활용하기

앞서 블록을 설명할 때 텍스트로 직접 블록 콘텐츠를 생성하는 방법 외에 미디어나 임베드 방식으로도 블록 콘텐츠를 생성할 수 있다는 것을 알려주었다. 이번 챕터에서는 텍스트 외에 다양한 형태로 콘텐츠를 생성하도록 하는 미디어, 그리고 임베드를 활용한 콘텐츠 생성에 대해서 자세하게 알아본다. 노션의 페이지를 오직 텍스트로만 구성하는 경우는 많지 않다. 노션은 다양한 미디어 유형으로 블록의 콘텐츠를 확장할 수 있고, '파일 업로드' 방식으로 직접 파일을 업로드할 수 있다.

　블록에서의 콘텐츠 유형 확장은 슬래시(/)로 시작한다. 블록에다 슬래시

(/)를 입력한 후에 미디어를 선택하거나 미디어를 지정하는 키워드를 입력하면 블록에 미디어 콘텐츠를 추가할 수 있다.

미디어 블록

업로드와 링크 임베드

미디어 블록은 '이미지', '북마크', '동영상', '오디오', '코드', '파일'을 '업로드'나 '링크 임베드' 방식으로 추가할 수 있다.

업로드는 노션에 미디어 파일을 그대로 업로드하는 방식이고, 링크 임베드는 외부 사이트에 있는 미디어 파일의 링크를 노션에 추가하는 방식으로 미디어 파일을 삽입해서 미디어 블록을 만드는 형태다. 미디어별로 업로드나 링크 임베드 방식은 비슷하지만, 업로드할 수 있는 파일의 용량은 사용 중인 워크스페이스의 요금제에 따라 다르다. 무료 요금제가 적용되는 워크스페이스는 업로드할 수 있는 파일의 크기가 최대 5MB로 제한적이고, 유료 요금제가 적용되는 워크스페이스는 업로드할 수 있는 파일 크기의 제한이 없다.

미디어 블록 목록

이미지 미디어 블록 - 이미지 업로드

이미지 미디어 블록 - 링크 임베드

미디어 블록을 생성하는 방법은 간단하다. 슬래시(/) 뒤에 미디어를 지칭하는 단어들, 즉 이미지(Image), 북마크(Bookmark), 비디오(Video), 오디오(Audio), 코드(Code), 파일(File)을 한글이나 영어로 입력하면 미디어를 추가한 블록을 생성할 수 있다.

Unsplash

블록 생성 시 각 미디어별로 옵션이 다른 부분이 있다. 이미지 미디어 블록에는 업로드와 링크 임베드를 제외하고 'Unsplash'라는 옵션이 있다. 이는 다른 미디어 블록에는 없는 옵션이다.

이미지 미디어 블록 - Unsplash

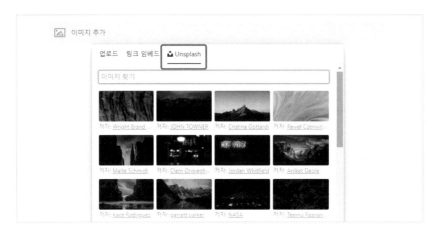

이 옵션은 언스플래시닷컴(unsplash.com, 사용자가 사이트에 등록된 이미지를 무료로 사용할 수 있다) 사이트에 있는 이미지를 이미지 미디어 블록에다 끌어와 무료로 사용할 수 있는 옵션이다.

코드 미디어 블록

코드 미디어 블록에는 다른 미디어 블록과는 다른 옵션이 있다. 코드 미디어 블록은 개발자 또는 HTML이나 CSS 코딩을 하는 웹 디자이너와 협업할 때, 그들과의 소통을 위한 코드를 일반 텍스트와 별도로 구분하기 위해 쓰는 미디어 블록이다. 그래서 다른 미디어 블록과 다르게 사용해야 한다.

코드 미디어 블록

코드 미디어 블록은 프로그래밍 언어를 선택하고, 하이라이트 영역에 코드를 입력하는 방법으로 만든다. 하이라이트 영역의 오른쪽 상단 '복사'를 클릭하면 입력한 코드를 복사할 수 있고, 더보기 메뉴(⋯)의 '랩 코드'는 하이라이트 영역에 맞게 코드의 줄을 바꿔주는 기능이다.

다른 미디어 블록의 사용법은 직관적이기 때문에 어렵지 않게 사용할 수 있다.

더보기 메뉴(⋯)의 랩 코드

임베드 블록

임베드 블록 목록

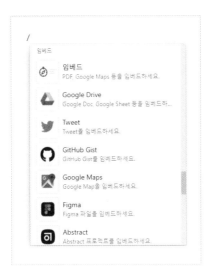

임베드 블록은 노션 외 다른 툴에서 작업한 파일이나 정보를 말 그대로 노션 블록에 임베드(embed)하는 방식으로 콘텐츠를 만드는 블록이다. 임베드라는 단어는 '끼워 넣다'는 의미이며, 의미에 맞게 임베드 블록에 외부 콘텐츠와 정보를 끼워 넣어서 블록 콘텐츠를 생성할 수 있다.

임베드 가능한 서비스들

블록에 임베드할 수 있는 외부 콘텐츠 혹은 서비스에는 구글 관련 서비스나 트위터, PDF처럼 우리에게 익숙한 서비스들이 있다. 또 룸(Loom), 피그마(Figma), 미로(Miro), 타입폼(Typeform), 코드펜(CodePen)처럼 개발자와 디자이너들에게 유용한 도구나 영상 캡처 도구까지 다양한 분야의 서비스를 임베드 블록으로 생성할 수 있다. 더불어 임베드한 서비스의 경우 노션과 서비스를 따로 오가며 작업하지 않아도 노션 임베드 블록에서 작업할 수 있다.

링크 임베드

트위터 임베드

PDF 임베드

구글 지도 임베드

임베드 블록 사용하기

임베드 블록의 사용 방법도 미디어 블록과 큰 차이가 없다. 블록에 슬래시(/)를 입력한 후 '임베드(Embed)'를 입력하거나 PDF, 트윗(Tweet), 구글 드라이브(Google Drive), 구글 지도(Google Maps) 등 임베드할 외부 서비스 이름을 한글이나 영어로 입력하면 임베드 블록 영역이 생성되고, 선택한 서비스를 임베드할 수 있다. 이후에는 미디어 블록에서 추가하는 설정과 비슷하다. 업로드와 링크 임베드 방식을 기본으로 서비스의 특성에 맞는 옵션 방식을 선택해 임베드 블록 콘텐츠를 생성할 수 있다.

임베드 블록 역시 무료 버전의 워크스페이스에서는 업로드할 수 있는 용량이 5MB로 제한되어 있으며, 유료 버전의 워크스페이스에서는 용량 제한 없이 업로드할 수 있다. 더불어 임베드 블록에서 공식적으로 지원하는 임베드 서비스보다 더 많은 외부 서비스를 임베드할 수 있다. 노션에서 지원하는 공식 임베드 서비스 목록에는 없지만 구글 캘린더(Google Calendar)와 구글 독스(Goole Docs), 스포티파이(Spotify) 등도 임베드 옵션을 사용해서 페이지에 추가할 수 있다.

구글 지도 임베드하기

임베드 옵션의 '링크 임베드' 기능을 사용하면 외부의 서비스를 노션 페이지 내에 임베드할 수 있다. 링크 임베드를 활용해서 구글 지도를 임베드하는 법을 살펴보자. 구글 지도를 임베드하는 방식대로 다른 외부 서비스 역시 임베드할 수 있다.

구글 지도 위치 검색

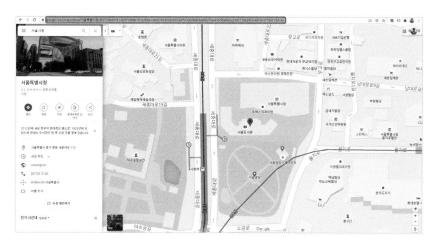

먼저 노션 페이지에 임베드할 장소를 구글 지도 홈페이지에서 검색한다. 필자는 서울 시청을 예로 들겠다.

임베드 블록 - 링크 임베드 - URL 붙여넣기

페이지 내에 임베드된 구글 지도

검색 결과의 브라우저 주소창에서 URL을 복사한 후에 노션 임베드 블록의 '링크 임베드'에 URL을 붙여넣기 하면 페이지 내에 위치가 임베드된다.

구글 지도 직접 임베드

참고로 구글 지도는 URL을 노션 페이지에 그대로 붙여넣기만 해도 '임베드 생성' 옵션을 선택하면 페이지 내에 임베드 블록을 추가할 수 있다.

구글 드라이브 임베드

구글 드라이브 임베드는 'Google Drive 찾아보기' 옵션에서 연동 중인 구글 계정을 선택해 파일을 찾아서 임베드할 수 있다.

고급 블록

고급 블록 목록

고급 블록은 콘텐츠 생성을 편하게 할 수 있는 몇 가지 블록을 모아놓은 것이다.

고급 블록 중에 많이 쓰는 블록은 '목차'와 '템플릿 버튼', '동기화 블록'이다. 다른 블록은 페이지에 수학 공식을 콘텐츠로 추가할 때 쓰는 '수학 공식 블록', 현재 노션 페이지의 위치를 표시할 때 쓰는 '이동 경로' 블록이다.

목차

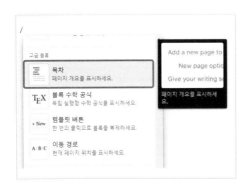

목차

고급 블록의 '목차'는 블로그나 웹 페이지에 긴 글을 올릴 때 상단에 목차를 정리한 다음 앵커 링크를 만들어서 목차를 클릭하면 해당 제목의 문단으로 바로 이동할 수 있게 하는, 말 그대로 목차 블록이다.

목차 블록을 사용하기 전에는 페이지 안에서 '기본 블록'의 '제목 1·2·3'으로 차례차례 페이지 콘텐츠를 구성해놓아야 한다.

템플릿 버튼

고급 블록 중 '템플릿 버튼' 블록은 생산성을 높일 수 있다는 점에서 유용한 블록이다. 단순 반복의 콘텐츠를 만들 때 템플릿 버튼을 사용하면 매번 양식을 새로 만들지 않고 기존의 양식을 재사용할 수 있다.

목차 구성 전에 필요한 제목 블록들

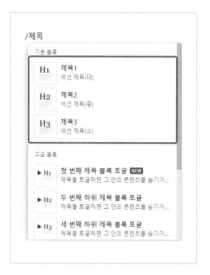

템플릿 버튼

템플릿 버튼 블록을 만드는 방법은 간단하다. 템플릿 버튼 이름과 반복할 템플릿 서식을 만든 후에 '닫기'를 클릭하면 블록이 생성된다.

템플릿 버튼 만들기

템플릿 버튼 블록을 생성하면 To-do 리스트(체크리스트)가 기본 서식으로 생성된다. To-do 리스트 부분(템플릿 서식)을 수정해서 내게 필요한 템플릿 페이지를 만들 수 있다. 필요한 템플릿을 설정한 후에 템플릿 버튼을 클릭하면 템플릿이 생성된다. 컨설팅, 강의, 미팅 일정이 많은 업무의 특성상 비슷한 페이지를 많이 쓰는데, 필자는 이를 템플릿으로 설정해놓고 필요할 때마다 템플릿 버튼을 통해 템플릿을 생성한다.

필자가 자주 쓰는 페이지는 미팅 내용을 정리하는 페이지다. 업무 미팅 중 정리하는 내용들이 대개 비슷하기 때문에 템플릿 버튼으로 미팅 내용을 정리하는 페이지가 자동으로 생성될 수 있도록 미팅 템플릿을 만들어서 사용하고 있다.

사용 방법은 어렵지 않다. 기존에 미팅을 정리할 때 작성했던 항목들을 정하고 템플릿 버튼을 클릭할 때마다 템플릿 항목에 To-do 리스트 대신 미팅 페이지가 생성되도록 템플릿을 바꿔주면 된다.

동기화 블록

'동기화 블록'은 동기화 블록으로 지정한 블록을 같은 워크스페이스의 다른 페이지나 다른 워크스페이스의 페이지에 추가한 후에 그렇게 추가한 블록들의 내용을 동시에 수정할 수 있게 하는 기능의 블록이다. 같은 내용을 여러 페이지에서 사용할 때 매우 유용하다. 필자의 경우 외부 프로젝트별로 워크스페이스를 운영하는데, 프로젝트별로 중복된 내용들이 있을 때 유용하게 활용한다.

동기화 블록

동기화 블록 사용하기

동기화 블록을 사용하는 방법은 다음과 같다. 먼저 동기화 블록으로 지정할 기존의 블록을 선택한 후에 그 블록을 동기화 블록으로 전환하거나 처음부터 동기화 블록을 생성한다. 이후 동기화 블록으로 전환하거나 생성한 블록의 오른쪽 상단 옵션 중 '복사하고 동기화하기'를 선택하고, 동기화 블록을 복제할 페이지를 선택해서 붙여넣기 하면 동기화 블록이 복제된다.

동기화 블록 생성

| 원본 블록 편집 중 ∨ | 복사하고 동기화하기 | ⋯ |

명령어 사용 시 "/"를 입력하세요

동기화할 원본 블록의 내용을 적고 복사하기

동기화 블록을 같은 페이지에 추가한 상태

   이후에는 원본 블록에서 내용을 수정하면 복제된 블록의 내용이 동시에
수정된다. 동기화 블록은 다른 워크스페이스에 있는 페이지에도 적용되며,
블록 내용도 적용된다.

동기화 블록 - 원본 블록 편집

동기화 블록 - 사본 블록 편집

  동기화 블록의 옵션 중 '사본 n개 편집 중' 옵션으로는 몇 개의 동기화 블록이 추가되었는지 확인할 수 있다. 반대로 원본이 아닌 동기화 블록의 내용은 다른 동기화 블록에 적용되지 않는다.

동기화 블록 해제

동기화 블록 해제는 동기화 블록의 오른쪽 더보기 메뉴(⋯)에서 '동기화 해제'를 클릭해 할 수 있다.

3-4
노션에 가져오고, 노션에서 내보내서, 노션으로 통합하기

노션은 생산성 앱으로서 장점이 많지만 다른 생산성 프로그램들과 연동이 쉽다는 점은 그중에서도 가장 큰 장점이다. 기존의 생산성 프로그램들은 서로 연동이 어려워 다른 앱이나 프로그램으로 바꾸는 것에 상당한 부담이 있었다. 노션은 다른 생산성 프로그램에 비해 쉽게 자료들을 가져오거나 노션에서 쉽게 내보낼 수 있기 때문에 다른 생산성 프로그램들보다 협업을 편하게 할 수 있다.

노션에 가져오기

노션의 '가져오기' 기능은 기존의 다른 생산성 프로그램의 데이터를 가져와서 쓸 수 있는 기능이다. 노션의 호환성이 좋다는 것을 체감할 수 있다.

노션 앱 왼쪽 사이드바 하단의 가져오기

가져오기를 통해서는 에버노트 (Evernote), 워크플로이(Workflowy), 트렐로(Trello)같이 우리나라에서도 사용자가 많은 생산성 앱은 물론이고, 워드(Word), 구글 독스(Google docs), HTML같이 우리가 평소에 자주 쓰는 프로그램의 파일도 가져올 수 있다.

가져오기가 가능한 앱 목록

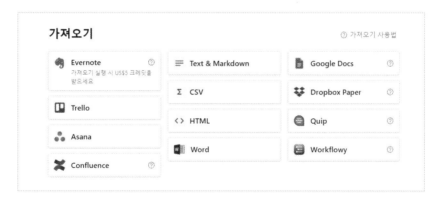

이렇게 여러 프로그램의 데이터가 노션과 호환이 되는 점은 사용하던 툴을 노션으로 바꾸는 데에도 부담을 줄여주고 협업에 있어서도 큰 장점으로 작용한다.

가져오기를 할 수 있는 방법으로는 에버노트처럼 계정을 연동하는 방식이나 워드나 구글 독스처럼 파일을 업로드하는 방식이 있다.

에버노트 가져오기

계정을 연동하는 방식은 간단하다. 에버노트 계정에 로그인 후 노션과 연동하고, 에버노트 계정의 노트북 중 연동하려는 노트북을 체크한 다음 가져오기를 클릭하면 노션 앱에서 페이지로 가져오기 된 에버노트를 확인할 수 있다. 가져온 에버노트의 노트북은 노션 페이지로 사용할 수 있다.

가져오기 목록에서 에버노트 선택

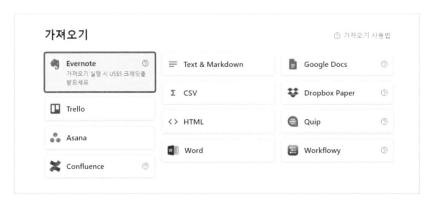

가져오기 할 에버노트 노트북 체크 후 가져오기 클릭

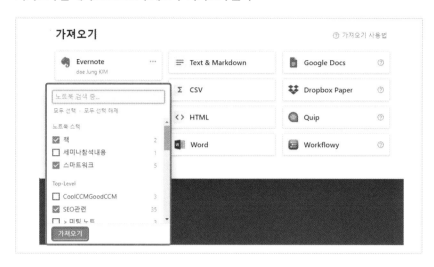

에버노트 노트북 가져오기 완료

이처럼 계정을 연동하는 방식으로 데이터를 가져오는 것 외에는 파일을 직접 업로드하는 방식으로도 가져오기를 할 수 있다.

가져오기는 에버노트 같은 생산성 앱뿐만 아니라 구글 독스에서 작성한 데이터도 가져올 수 있다. 아쉬운 점은 구글 독스 데이터는 에버노트처럼 연동 방식을 지원하지 않는다는 점이다. 따라서 구글 독스는 데이터를 다운받아서 저장한 후에 가져오기 옵션을 선택해서 데이터를 가져올 수 있다.

구글 스프레드시트 가져오기

필자가 자주 사용하는 방법은 구글 스프레드시트(MS오피스의 엑셀과 비슷한 온라인 프로그램)에서 작성한 데이터를 가져오는 방식이다. 이 방법 역시 간단하다.

먼저 구글 스프레스시트에서 가져오기 할 시트를 선택하고 파일을 연 후에 ❶ 파일, ❷ 다운로드, ❸ 쉼표로 구분된 값(.csv, 현재 시트) 순으로 파일을 저장한다.

구글 스프레드시트의 데이터 다운로드

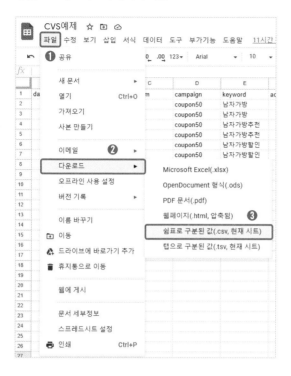

그 후 가져오기 옵션 중 CSV를 선택한 후 다운로드한 파일을 업로드하면 워크스페이스에 구글 스프레드시트가 페이지로 생성된다.

가져오기에서 CSV 옵션 선택

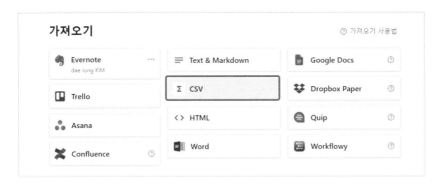

가져오기에서 CSV 파일 선택 후 열기

노션 앱 왼쪽 사이드바의 CSV 데이터 가져오기 완료 페이지

CSV 데이터 가져오기 완료

CSV 파일의 경우 위처럼 데이터베이스 형식의 페이지로 생성된다. 비슷한 방법으로 다른 파일의 데이터도 가져오기를 할 수 있다.

노션에서 내보내기

노션뿐만이 아닌 생산성을 올려주는 메모 관련 프로그램들은 대부분 작성한 내용을 내보낼 수 있는 기능이 있다. 작성한 내용을 따로 보관하거나 다른 앱이나 프로그램에서 사용할 때를 위해서다. 노션은 페이지와 워크스페이스 단위에서 내용을 내보낼 수 있다.

페이지 내보내기

노션 페이지를 내보내는 방법은 어렵지 않다. 먼저 내보내고자 하는 페이지의 오른쪽 상단 더보기(…) 메뉴로 들어가서 '내보내기'를 클릭한다. 그리고 내보낼 형식을 선택해 '내보내기'를 클릭하면 된다.

노션 '페이지' 내보내기

노션 '페이지' 내보내기 형식 설정

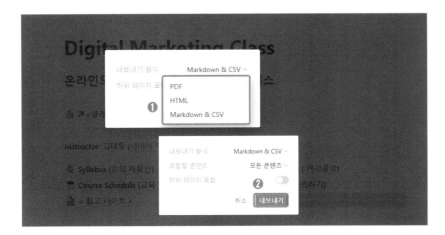

워크스페이스 내보내기

워크스페이스를 내보낼 때는 노션 앱 왼쪽 사이드바의 '설정과 멤버'를 클릭해 노션 설정 창을 먼저 연다. 그 후 워크스페이스 항목의 '설정'을 누르고 '워크스페이스의 모든 콘텐츠 내보내기'를 클릭한다. 이후 마찬가지로 내보낼 파일의 형식을 선택한 후에 '내보내기'를 클릭하면 워크스페이스를 내보낼 수 있다.

노션 '워크스페이스' 내보내기

노션 '워크스페이스' 내보내기 형식 설정

노션으로 통합하기

노션은 노션을 중심으로 다른 생산성 프로그램 혹은 자주 쓰는 프로그램이나 파일들의 내용을 통합할 수 있다. 이때 앞서 설명한 것처럼 '가져오기'를 통해서 통합할 수 있는 프로그램(에버노트, 구글 독스 등)이나 파일들을 확인할 수 있다. 현재 나와 있는 생산성 관련 프로그램들이 다양하기도 하고, 필자의 경우 때에 따라 여러 가지 프로그램을 사용하기 때문에 데이터를 통합해서 관리할 필요성을 느끼게 되어 노션을 선택한 것이기도 하다.

노션은 에버노트(Evernote), 구글 킵(Google Keep), 드롭박스 페이퍼(Dropbox Paper), 드렐로(Trello)는 물론이고 콘텐츠 파일 CSV, 워드(Word), 구글 독스(Google Docs), 워크플로위(WorkFlowy), 그리고 표준화된 콘텐츠 파일 형식인 Text & Markdown, HTML 같은 일반적으로 사용하는 많은 형태의 파일과 콘텐츠를 통합해서 관리할 수 있다. 외부 데이터를 노션으로 가져오는 것뿐만 아니라 앞서 설명했듯 노션의 콘텐츠 데이터를 외부로 내보낼 수도 있다. 내보낸 데이터는 다른 노션 계정에서 가져올 수 있다.

노션은 노션 본래의 애플리케이션 외에도 노션을 지원하거나 노션에서 활용할 수 있는 온라인 서비스 프로그램들이 있다. 대표적으로 앞에서도 언급한 노션 웹 클리퍼(Notion Web Clipper)가 이에 해당한다.

노션 웹 클리퍼는 익스플로러를 제외한 거의 모든 웹 브라우저에서 사용할 수 있는 확장 프로그램으로, 특정 온라인 웹 사이트를 노션 페이지에 저장할 수 있도록 해준다. 노션에서 저장할 위치는 개인 워크스페이스나 팀 워크스페이스 중에 선택할 수 있다.

노션 웹 클리퍼 사용 시 뜨는 팝업 창

　　노션으로 다른 생산성 프로그램의 데이터를 통합해서 운영할 수 있다는 점은 노션이 가진 유연성과 확장성이다. 이런 특징 때문에 노션을 사용하는 작업자들은 업무와 일정 관리 전반에 있어서 생산성과 효율성을 높일 수 있다.

노션을 노션답게 활용하기 위해서는 블록과 페이지, 워크스페이스와 같은 노션의 핵심 구성 요소들을 이해하는 것도 중요하지만 노션의 기본 기능으로 나에게 필요한 페이지를 잘 만들 줄 아는 것이 더욱 중요하다. 개인용이든 업무용이든 노션을 직접 활용할 때는 그러한 구성 요소들을 다양하게 조합해서 활용하기 때문이다. 노션 활용의 기본은 위키, 태스크, 데이터베이스를 제대로 다루는 것이다. 이러한 기본 활용을 이해하면 개인 혹은 업무에 맞는 노션을 수월히 사용할 수 있다.

4장

노션 활용의
기본

4-1

링크로 전부 연결한다, 위키

위키(Wiki)는 여러 정보를 하이퍼링크(HyperLink) 방식으로 정리한 웹 문서라고 볼 수 있다. 협업 시 용어 정의, 제품이나 업무 매뉴얼, 제품 설명서, 스크랩, FAQ 등의 정보를 사람들과 공유할 때 유용한 페이지다.

　위키는 앞서 말한 것처럼 다른 페이지를 링크하는 방식인 하이퍼링크 방식을 기본으로 한다. 따라서 위키 페이지는 페이지에 들어갈 주제 목록이 제목 형태로 작성되고, 사용자가 원하는 주제를 클릭하면 그 주제를 설명하는 서브 페이지가 열리는 방식으로 구성된다. 각 페이지마다의 권한은 다른 사용자에게 줄 수 있다. 이런 식으로 다른 사용자 또는 팀 멤버로 그룹화한 협업 사용자와 원활히 협업할 수 있다. 지금부터 위키 페이지 사용에 대해 자세히 알아보자.

위키 템플릿

노션의 공식 템플릿들 중 위키 템플릿들

위키 페이지는 자신이 직접 만들어 운영할 수 있고, 노션에서 제공하는 공식 템플릿이나 사용자가 공유한 템플릿을 사용할 수도 있다. 처음 사용한다면 다른 사람이 공유한 템플릿을 사용하거나 노션 공식 템플릿을 활용하는 것이 효율적이다.

노션 공식 템플릿들 중 위키 템플릿으로 가져올 수 있는 템플릿은 엔지니어링 카테고리의 '엔지니어링 위키' 템플릿, 상품 관리 카테고리의 '문서' 템플릿, 지원 카테고리의 '지원센터' 템플릿이다. 더욱 다양한 위키 템플릿을 찾고 싶다면 템플릿 목록 하단의 '템플릿 더 살펴보기'로 들어가 템플릿 갤러리에서 제목과 썸네일, 미리보기로 템플릿들을 확인한 후에 적절한 템플릿을 가져와서 필요에 맞게 수정해 사용하면 된다.

위키 페이지 만들기

노션 공식 템플릿 중 엔지니어링 위키 템플릿을 사용해 위키 페이지를 하나 만들어보자. 한 번 만들어보면 쉽게 다른 위키 페이지를 만들 수 있다.

먼저 위키 페이지를 개인이나 팀 중 어느 워크스페이스에 만들 것인지부터 정한다. 그 후에 어떤 위키 페이지를 만들지 주제를 정한다(주제를 먼저 정하는 것은 사실상 모든 페이지를 만들 때 공통으로 해당한다). 예를 들어 '책 목록'으로 주제를 정하고 위키 페이지를 만들기로 했다고 하자. 이렇게 어떤 주제로 위키 페이지를 만들지 정했으면 템플릿을 가져온다. 마음에 드는 템플릿이 없으면 직접 만들어도 되지만 여기에서는 기존에 만들어진 템플릿 중에 하나를 사용해서 만들어보겠다.

엔지니어링 위키 템플릿

왼쪽 사이드바에 추가된 엔지니어링 위키 페이지

노션 템플릿 창에서 엔지니어링 위키 템플릿을 찾아 클릭하고 오른쪽 상단의 '템플릿 사용하기'를 클릭해 템플릿을 페이지로 가져온다.

템플릿을 가져오면 왼쪽 사이드바의 페이지 목록 제일 밑에 페이지 제목(엔지니어링 위키)이 뜬다. 이제부터는 내가 정한 주제대로 페이지를 수정한다.

먼저 내가 만들려는 위키 페이지의 주제에 따라 페이지의 커버 이미지와 아이콘을 디자인한다. 커버를 바꿀 때는 '커버 변경'을 클릭하면 '갤러리', '업로드', '링크', 'Upsplash'의 방식으로 바꿀 수 있다. '위치 변경'으로는 이미지의 위치를 적당히 옮겨 페이지 커버를 바꿀 수 있다. 커버 이미지를 수정한 후에 그 아래의 페이지 아이콘도 '이모지', '이미지 업로드', '링크'의 방식으로 수정할 수 있으니 페이지 주제에 맞게 아이콘을 수정한다. 물론 아예 없애도 된다. 여기까지의 과정은 어떤 페이지를 만들거나 수정하든지 간에 공통된 과정이다.

페이지 커버 이미지 및 아이콘 변경

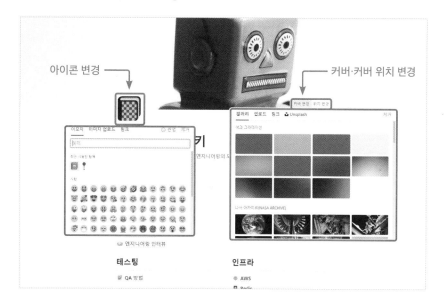

그다음에는 템플릿 제목인 '엔지니어링 위키'를 주제에 맞게 다른 제목으로 적절하게 수정한다. 지금은 필자가 출간한 책을 소개하는 위키 페이지를 만들 것이기 때문에 페이지 제목을 '출간 책 위키'로 수정했다. 위키 페이지 제목은 협업 중이라면 다른 협업 파트너들과 룰에 따라서 정하거나, 협업하는 사람들도 쉽게 이해할 수 있는 직관적인 제목으로 정한다.

위키 페이지 예시 - 출간 책 위키

이후 위키 페이지 안의 각 항목의 텍스트와 아이콘을 수정한다. 필자는 출간한 책의 위키 페이지를 만들 것이므로 책 제목과 책에 대한 정보를 위키 항목으로 정했다. 이후 관련 정보를 별도의 페이지로 만들어서 링크로 연결한다. 관련 정보는 '출간일', '출판사', '구매할 수 있는 곳', '간단한 요약'으로 정했다. 관련 링크 페이지들은 하위 페이지에 둘 수도 있고 독립 페이지로 설정할 수도 있다.

4-2
할 일 목록 정리하기, 태스크

노션에서 태스크(Tasks)는 '작업', '할 일 목록' 등을 의미하며, 그 목록들을 작성하고 완료 여부를 체크할 수 있는 페이지라고 할 수 있다.

태스크 페이지 만들기

태스크 페이지는 기존 페이지를 태스크 페이지(할 일 목록)로 전환해 만들 수 도 있고, 앞서 만들어본 위키 페이지처럼 노션에서 템플릿을 가져와서 만들

기존 페이지를 태스크 페이지로 전환하기

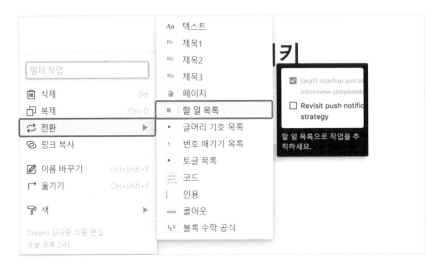

수도 있다. 또한 태스크 페이지도 개인용과 협업용으로 나눠 사용할 수 있다. 이제 본격적으로 템플릿을 가져와서 태스크 페이지를 만들어보자.

먼저 왼쪽 사이드바 하단의 템플릿 메뉴를 클릭해 노션 템플릿 창을 연다. 여기서 태스크 페이지로 활용할 수 있는 템플릿은 '개인' 카테고리의 '작업 목록' 템플릿이다. 그다음은 여느 템플릿을 만들 때와 마찬가지로 '템플릿 사용하기'를 클릭한 후에 템플릿 이름을 수정하면 된다.

노션 공식 템플릿의 작업 목록 템플릿. 태스크 페이지로 활용할 수 있다.

작업 목록 템플릿을 가져온 후 이름 수정

다음의 페이지는 실제 필자가 사용했던 웹 사이트 제작 프로젝트의 할 일 목록으로 태스크 페이지를 구성한 것이다.

작업 목록 템플릿을 웹사이트 제작 태스크 페이지로 수정한 모습

작업 목록은 '할 일', '진행 중', '완료'로 분류했다. 해당 항목들은 페이지로 만들어서 더 자세한 내용을 작성할 수 있다. 항목별로 작성한 내용은 그 진척도에 따라 마우스로 항목을 옮길 수 있다.

항목별 할 일 추가

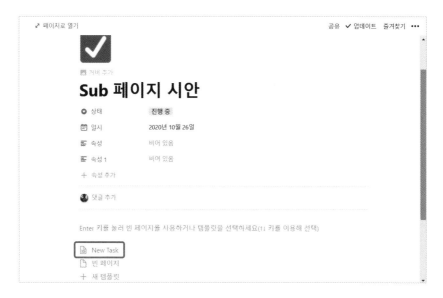

여기서 항목별로 할 일을 더 추가하려면 항목을 클릭한 후에 페이지 내 'New Task'를 클릭해서 추가하면 된다. 페이지별로 페이지 커버, 아이콘 추가를 꼭 해야 하는 것은 아니기 때문에 등록하지 않아도 된다.

할 일 목록 추가 완료

작업 목록 템플릿 항목 수정

추가한 작업 목록은 위처럼 To Do 리스트로 표시된다. 이후 진행이 완료된 항목은 완료 체크한다. 할 일 목록 아래의 '+ 새로 만들기'를 클릭하면 항목에 페이지를 추가할 수 있으며, 항목의 더보기(···)에서 항목을 표시할 색과 항목 숨김 여부를 선택할 수 있다. 이처럼 옵션을 사용하면 항목의 중요도, 우선 순위 등을 필요에 따라 표시할 수 있다.

작업 목록 템플릿은 템플릿 커버가 없는 템플릿이다. 따라서 편의를 위해 '커버 추가'로 템플릿 커버를 추가할 수 있다. 'Upsplash'를 이용해서 적절한 커버 이미지를 선택한 후에 페이지 성격에 맞는 아이콘을 추가할 수도 있다.

작업 목록 템플릿 커버 추가

공유 및 즐겨찾기

태스크 페이지는 개인적으로 할 일을 관리할 때나 내·외부와 협업할 때 쓰는 페이지다. 협업을 할 때 페이지를 공유하면 업무의 진행 상황을 서로 쉽게 확인할 수 있다. 페이지 공유는 페이지 오른쪽 상단의 '공유' 옵션으로 설정할 수 있다.

공유 메뉴에서 사용할 수 있는 옵션도 개인 워크스페이스와 팀 워크스페이스, 사용하는 요금제에 따라 공유 범위 및 검색 엔진에 노출될 수 있는지 여부, 팀 멤버들에게 권한을 부여할 수 있는 범위 등이 다르다. 요금제가 유료인지 무료인지를 기준으로 달라지는 공유 옵션은 '검색 엔진 인덱싱'이다.

개인 워크스페이스 - 무료 요금제 공유 메뉴

팀 워크스페이스 - 무료 요금제 공유 메뉴

팀 워크스페이스 - 유료 요금제 공유 메뉴

'검색 엔진 인덱싱'은 구글과 같은 검색 엔진의 검색 결과에 노션 페이지가 반영될 수 있도록 하는 옵션이다. 최근에 노션으로 홈페이지를 만드는 사례가 많아지고 있는 만큼, 노션으로 만든 홈페이지가 구글과 같은 검색 엔진에 걸리도록 해 온라인의 다른 검색 사용자들이 좀 더 쉽게 노션 페이지를 찾을 수 있도록 설정하고자 할 때 필요하다.

즐겨찾기 설정

페이지를 즐겨찾기로 설정하면 왼쪽 워크스페이스 즐겨찾기 항목에 페이지가 추가된다.

페이지 오른쪽 상단의 공유부터 업데이트, 더보기(…) 메뉴까지는 모두 워크스페이스의 종류에 상관없이 공통 메뉴이고, 협업을 하며 업무의 생산성을 높일 때 필요한 메뉴들이다.

'날짜 또는 리마인더' 활용하기

노션 페이지를 테스크로 활용할 때는 인라인 블록의 '날짜 또는 리마인더'를 함께 사용하는 것을 추천한다.

'날짜 또는 리마인더'는 인라인 블록에서 찾을 수 있다.

　'날짜 또는 리마인더'는 중요한 일정이나 업무처럼 잊지 말아야 할 알람이 필요한 경우 사용하면 유용하다. 물론 이 기능은 테스크에서만 사용할 수

있는 것은 아니며, 필요한 페이지에 추가해서 사용할 수 있다.

'웹 사이트 제작 – 작업 목록' 노션 페이지에서 'Main 페이지 시안' 일정을 리마인더 설정해보자. 먼저 해당 페이지를 연다.

리마인더 설정하기 - 페이지 열기

그다음 페이지에 명령어 '/날짜' 또는 '/리마인더'를 입력해 날짜 또는 리마인더 블록을 추가한다. 그리고 리마인더를 설정할 날짜를 정한다.

리마인더 설정 날짜는 오늘 아니면 다음 날 오전 9시가 기본적으로 설정된다. 기본 날짜를 설정한 후에 다른 날짜와 시간으로 설정하려면, 설정된 날짜를 클릭해서 날짜를 다시 선택한다. 리마인더 옵션을 사용해서 알림 시간 역시 설정할 수 있다.

리마인더 설정하기 - 날짜 재설정

원하는
날짜로 변경

리마인더 설정하기 - 시간 설정

원하는
시간으로 변경

리마인더 설정 완료

일정 페이지 내에서 리마인더가 설정 완료되면 위와 같이 표시된다.

리마인더 알림 표시

리마인더 설정에 해당하는 시간이 되면, 노션 왼쪽 사이드바 상단 '모든 업데이트'에 알림이 표시된다. 그 외에는 노션 모바일 앱, 노션 데스크톱 앱, 이메일 계정으로도 알림을 받을 수 있다. 노션 앱이나 이메일로 알림을 받지 못했다면 알림 설정을 확인해야 한다.

내 알림과 설정에서 알림 설정 확인

노선 왼쪽 상단 메뉴 중 '설정과 멤버' 메뉴의 '내 알림과 설정'에서 알림 허용이 되었는지 확인해서 설정을 바꾸면 된다.

4-3

콘텐츠 관리의 꽃, 데이터베이스

데이터베이스(Database)는 노션 활용의 핵심이다. 데이터베이스를 잘 사용하면 노션을 200% 활용할 수 있다. 데이터베이스 활용으로는 개인 데이터베이스 활용과 협업이나 프로젝트 단위의 데이터베이스 활용이 있다. 데이터베이스라고 하면 어렵게 생각할 수 있는데 많이 쓰는 오피스 프로그램 중 하나인 엑셀, 스프레드시트, 넘버스의 표 기능과 크게 다르지 않다.

데이터베이스는 블록에서 생성할 수 있으며 인라인(in line)과 전체 페이지(full page) 형태로 페이지에 추가할 수 있다. 전체 페이지는 페이지 전체를 데이터베이스로 채우는 것을 의미하고, 인라인은 페이지 일부에 데이터베이

인라인 및 전체 페이지 형태로 추가할 수 있는 데이터베이스 블록

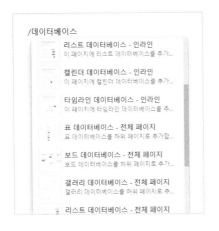

스를 추가하는 방식이다. 인라인과 전체 페이지는 상호 전환이 가능하다. 그래서 데이터베이스를 만들 때는 어떤 형태로 만들지 고민할 필요 없이 일단 만들면 된다.

데이터베이스 템플릿

데이터베이스는 노션 사용에서 매우 중요하기 때문에 상세히 알아볼 것이다. 데이터베이스의 핵심은 데이터베이스를 구성하는 행과 열의 속성, 보기이며 어떤 데이터베이스를 만들지만 명확하게 정한다면 만들기는 어렵지 않다.

데이터베이스 템플릿은 노션 공식 템플릿에서도 찾을 수 있기 때문에 다른 템플릿과 마찬가지로 템플릿 가져오기를 해서 속성, 보기 설정 등을 수정한 후 활용할 수 있다. 노션의 공식 템플릿에는 '사용자 리서치 데이터베이스' 템플릿과 더불어 각 카테고리마다 데이터베이스를 사용한 템플릿이 포함되어 있다.

사용자 리서치 데이터베이스 템플릿

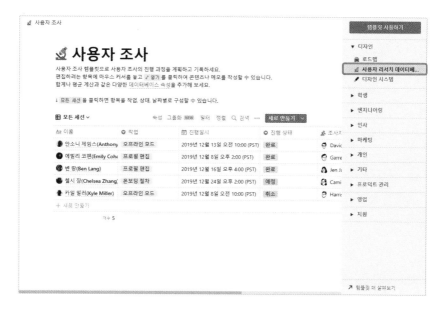

내가 선택한 템플릿이 데이터베이스 템플릿인지 확인하는 방법은 간단하다. 템플릿을 열어서 표 왼쪽 상단의 '모두 보기', '상태별', '모든 자산' 등의 옵션을 클릭(❶)했을 때 '+ 보기 추가' 옵션이 있으면 데이터베이스 템플릿이다. '+ 보기 추가'를 클릭(❷)했을 때 선택할 수 있는 옵션들이 데이터베이스 페이지에서 데이터를 볼 수 있는 옵션들이다. 데이터를 어떻게 보여줄지에 따라 보기 옵션을 선택한 후에 '생성'을 클릭(❸)하면 새로운 데이터베이스 보기가 생성된다. 마치 붕어 모양 틀에 밀가루 반죽을 넣어서 붕어빵을 만드는 것처럼, 입력한 데이터를 보기 옵션이라는 틀에 넣어서 데이터베이스를 생성하는 것이다. 다른 보기 옵션을 선택하면 기존에 생성한 옵션이 사라지는 것이 아니라 해당 옵션에 따른 데이터베이스가 추가로 생성된다. 보

'+ 보기 추가' 옵션이 있는 '브랜드 자산' 템플릿(데이터베이스 템플릿)

기를 추가하기 전에 해당 보기의 형태에 대한 설명과 미리 보기(❹)가 가능하니 적절한 보기를 선택한 후에 '생성'을 클릭하면 된다. 데이터베이스의 '+ 보기 추가' 외에 다른 옵션(❺)들은 표 오른쪽 상단 메뉴에 있다.

데이터베이스 메뉴

복잡한 설명보다 예제를 따라 하면 쉽게 이해할 수 있다. 앞서 만들었던 태스크 페이지인 '웹 사이트 제작 – 작업목록' 페이지를 불러와서 데이터베이스로 만들어보자. 앞에서 필자와 같이 '웹 사이트 제작 – 작업목록' 페이지를 따라 만들어보지 않았다면 노션 공식 템플릿 중 '개인-작업목록' 템플릿을 가져오면 된다.

먼저 데이터베이스 오른쪽 상단의 메뉴들부터 살펴보자.

데이터베이스 메뉴 - 속성

'속성'으로는 표의 속성을 활성화하거나 비활성화할 수 있고 다른 속성을 추가할 수 있다.

데이터베이스 메뉴 - 필터

데이터베이스 메뉴 - 정렬

'필터'와 '정렬'로는 데이터베이스의 데이터를 내가 설정한 기준으로 볼 수 있다.

데이터베이스 메뉴 - 더보기(…)

'더보기(…)'로는 지금까지 본 메뉴들의 속성을 바로 추가하거나 확인할 수 있다.

데이터베이스 메뉴 - 새로 만들기

    마지막 '새로 만들기'로는 작업 목록 페이지나 일반 페이지를 새로 추가할 수 있다.

데이터베이스 보기 종류

데이터베이스 보기(View)의 종류는 '표', '보드', '타임라인', '캘린더', '리스트', '갤러리'로, 총 여섯 가지가 있다. 사실상 이름만으로도 어떤 형태인지 예상할 수 있다.

데이터베이스 보기 - 보기 목록

데이터베이스 보기 - 표 보기

'표 보기'는 데이터베이스를 만들 때 많이 쓰는 형태이며 모든 유형의 데이터를 활용해서 데이터베이스 보기를 만들 때 활용할 수 있다.

데이터베이스 보기 - 보드 보기

'보드 보기'는 프로젝트의 프로세스 단계별로 진행 상태를 한눈에 볼 수 있는 형태다. 프로세스 단계에 맞게 항목들을 옮길 수 있기 때문에 프로젝트를 관리할 때 유용하다.

데이터베이스 보기 - 타임라인 보기

'타임라인 보기'는 프로젝트를 항목별로 나누어서 항목들의 스케줄을 데이터베이스로 만들어 관리하고 볼 수 있는 형태다. 이 역시 프로젝트를 관리할 때 유용하게 사용할 수 있다.

데이터베이스 보기 - 캘린더 보기

'캘린더 보기'는 날짜를 기준으로 데이터를 추가한 보기로 월간 계획이나 연간 계획으로 이벤트나 프로젝트를 관리할 때 유용한 형태다. 다만 구글, 네이버 등 다른 캘린더와 연동이 안 되는 점은 아쉽다.

데이터베이 보기 - 리스트 보기

'리스트 보기'는 입력한 데이터의 제목을 목록으로 보는 형태다. 비교적 속성을 많이 사용하지 않는 데이터베이스일 때 사용하면 유용하다. 간난한 메모나 초기 아이디어를 데이터베이스로 남길 때 사용하면 좋다.

데이터베이스 보기 - 갤러리 보기

'갤러리 보기'는 이름에서 예상할 수 있듯이 이미지나 사진으로 표현되는 데이터베이스일 경우 유용하다.

타임라인 보기 만들기

타임라인 보기를 만드는 과정은 다른 보기를 만드는 과정과 다르지 않다.

데이터베이스 보기 - 타임라인 보기 만들기

먼저 현재 생성된 보기 목록 하단의 '+ 보기 추가'를 클릭하면 생성할 수 있는 보기들의 유형을 볼 수 있다. 이 중에 '타임라인'을 선택하고 하단의 '생성'을 클릭하면 타임라인 보기가 만들어진다.

타임라인 보기 - 시간대 설정하기

타임라인 보기는 기본적으로 월 기준으로 날짜가 나뉘어져 있다. 날짜 기
준은 시간부터 일, 주, 격주, 월, 분기, 년 단위로 바꿀 수 있다.

타임라인 보기 - 타임라인 표시 기준

다른 보기에는 없는 기능인 '타임라인 표시 기준'은 시작일과 종료일을 표시할 수 있는 기능이다. 더보기(…) 메뉴로 들어가 '타임라인 표시 기준'을 클릭해도 되고, 오른쪽 상단 메뉴들 중 '표시 기준'을 클릭해도 된다.

타임라인 보기 - 시작일 종료일 사용 설정

　　타임라인 보기는 표에서 보이는 속성과는 별도로 타임라인에서만 보이는 속성을 설정할 수 있다. 이를 활용해서 프로젝트 관리에 필요한 속성을 별도로 생성해 활용할 수 있기 때문에 사용자 입장에서 편한 기능이다.

타임라인 보기 - 속성 설정

타임라인 보기는 왼쪽에 항목이 나열되고, 그 항목이 오른쪽의 타임라인에 표시되는데, 이때 타임라인에 표시된 항목을 마우스 클릭 후 끌어서 기간을 설정할 수 있다.

타임라인 보기 - 하루 기간 설정

타임라인 보기 - 하루 기간 설정 상세보기

위처럼 'Main 페이지 시안'이라는 항목의 기간을 설정하려 한다면 항목의 오른쪽 끝을 마우스로 늘리기만 하면 된다.

타임라인 보기 - 복수 일 기간설정

타임라인 보기 - 복수 일 기간 설정 상세보기

    이런 식으로 다른 항목들도 기간을 늘리거나 줄여 설정할 수 있다. 타임라인 보기가 추가되어 노션 활용이 다양해지면서 노션은 생산성은 물론, 협업에 유용한 툴로서의 완성도 또한 한층 더 높아졌다고 할 수 있다.

지금까지 노션 활용에 핵심인 블록과 페이지, 워크스페이스를 중심으로 노션의 사용법을 알아봤다. 5장에서는 개인 워크스페이스와 팀 워크스페이스에서 노션을 활용하는 사례들을 알아보려고 한다. 이번 장의 사례를 기반으로 개인적인 활용에 필요한 템플릿을 만들어볼 수 있을 것이다. 블록으로 콘텐츠를 생성하고 이를 조합해서 직접 템플릿을 만들어보면서 본격적으로 업무의 생산성과 효율성을 높여보자.

5장

실전!
노션 활용하기

5-1
노션 활용의
핵심

적절한 조합이 핵심이다

노션 활용은 '블록으로 생성한 콘텐츠들을 페이지에 적절하게 조합'하는 것이 핵심이다. 노션은 기본 콘텐츠인 블록을 어떻게 활용하느냐에 따라 노션 안에서 파편적으로 콘텐츠가 생성되기 쉽다. 따라서 그러한 콘텐츠들을 적절하게 조합하기 위해서는 노션을 활용하기 전, 노션으로 생성할 페이지와 블록, 프로젝트를 마인드맵과 같은 정리 프로그램을 사용해 구체적으로 기획하는 것이 좋다. 이렇게 구체적으로 구성안을 짜놓고 개인 워크스페이스를 만들었을 경우 개인 워크스페이스는 저마다의 역할이 있는 각 페이지들을 모아놓았기 때문에 개인 프로젝트나 개인 홈페이지로 대체할 수 있다. 나아가 그렇게 만든 워크스페이스는 홍보용으로도 운영할 수 있다. 실제 이런 식으로 노션으로 홈페이지를 대체하는 사례들은 계속해서 생겨나는 추세다.

개인 워크스페이스 노션 홈페이지 구성안

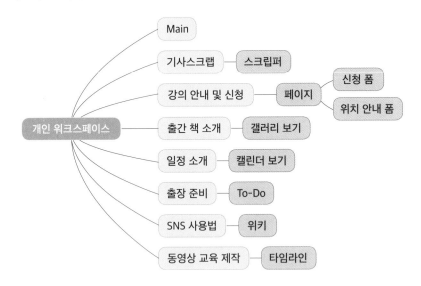

개인 업무용 워크스페이스는 보통 개인에 대한 대외 홍보 페이지, 개인의 관심 콘텐츠들을 중심으로 구성한다. 팀 워크스페이스는 보통 정해진 업무가 있기 때문에 템플릿을 사용하는 일이 많다. 이때는 적절한 템플릿을 가져와서 팀 프로젝트의 성격에 맞게 템플릿을 구성하고 편집한다. 팀 워크스페이스 역시 워크스페이스 구성 전, 마인드맵처럼 정리 프로그램으로 팀 프로젝트에 필요한 페이지와 콘텐츠 등을 정리한 후에 워크스페이스를 구성하면 생산성과 효율성을 높일 수 있다.

노션을 효과적으로 활용하는 네 가지 방법

노션을 효과적으로 활용하기 위한 방법은 네 가지로 정리할 수 있다. 첫 번째는 콘텐츠의 구성과 페이지의 구조를 정리하고 확정 짓는 것이다. 두 번째는 노션 공식 템플릿이나 다른 사용자가 공유한 템플릿을 가져와서 필요한 부분을 편집한 후에 내가 구상한 대로 콘텐츠를 구성하고 제작하는 것이다. 공식 사이트에 내게 딱 맞는 템플릿이 없어도 온라인에서 키워드를 검색해 내가 활용할 수 있는 템플릿을 찾을 수 있다는 점을 기억하자. 세 번째는 데이터베이스를 잘 활용하는 것이다. 노션에서 데이터베이스의 활용은 확장성과 효율성을 높여주기 때문에 데이터베이스를 활용해서 페이지를 제작하는 것은 노션 활용에서 핵심 중의 핵심이다. 네 번째는 이렇게 노션으로 제작한 템플릿을 다른 사람들과 공유하는 것이다.

개인 워크스페이스나 팀 워크스페이스나 이 네 가지는 모두 적용된다. 하지만 두 워크스페이스의 용도가 다른 만큼 그 적용에는 차이가 있다. 따라서 실제로 데이터베이스를 어떻게 활용하는지 살펴본 뒤 개인 워크스페이스와 팀 워크스페이스를 나눠서 이야기해보려고 한다.

5-2
실전 데이터베이스 활용

노션에서 블록으로 생성할 수 있는 콘텐츠들의 유형은 단순 텍스트 유형부터 미디어 파일, 임베드를 사용한 유형까지 다양하다. 이러한 여러 기능 중 노션에서 단연 중요하면서도 노션 활용을 유연하게 해주는 기능은 데이터베이스 기능이다. 노션은 데이터베이스를 활용했을 때 본격적으로 개인 프로젝트나 내·외부 협업 프로젝트에서 생산성과 효율성을 높일 수 있다. 개인 워크스페이스 및 팀 워크스페이스에서 활용할 수 있는 노션의 데이터베이스에 대해서 알아보자.

'데이터베이스 보기'와 '속성'의 이해

노션의 데이터베이스를 활용하기 전에는 먼저 이해할 것이 있다. 데이터베이스는 블록에서 생성하는 콘텐츠 종류 중에 하나라는 점과 노션 데이터베이스가 엑셀, 스프레드시트, 넘버스와 유사하기 때문에 해당 프로그램에서 쓰는 함수에 익숙하면 더욱 활용하기 쉽다는 것이다. 그렇다고 함수를 꼭 외우고 있어야 한다는 건 아니니 너무 부담 가질 필요는 없다.

노션 데이터베이스를 활용하기 앞서, '데이터베이스 보기(View)'와 '속성(properties)'을 이해해보자. 데이터베이스를 더욱 효율적으로 사용할 수 있을 것이다.

데이터베이스 보기

데이터베이스 보기는 데이터를 보는 형태를 선택하는 것이다. 따라서 노션 데이터베이스는 어떤 보기를 사용할 것인지를 먼저 결정한 후에 데이터와 그에 맞는 속성을 설정한다. 물론 어떤 데이터를 입력하는지에 따라 보기 선택이 달라질 수도 있다. 다만 어떤 보기를 선택해서 만들어도 다른 보기로 형태를 바꾸는 것은 쉽기 때문에 큰 부담 없이 일단 만들어보면 된다.

데이터베이스 보기에는 여섯 가지

데이터베이스 보기 종류

보기 이름

표
모든 유형의 구조화된 데이터를 저장하고 볼 수 있는 유형별 표

보드
칸반 보드: 프로젝트 계획 및 버그 추적에 적합한 보기

타임라인
프로젝트 일정과 계획에 알맞는 타임라인 보기

캘린더
이벤트 계획 및 일정 수립을 위한 월간 보기

리스트
북마크와 메모에 적합한 간단한 페이지 보기

갤러리
카드 격자판: 무드 보드, 색인 카드 및 레시피에 적합한 보기

생성

? 데이터베이스 보기 사용법

종류가 있다. 일반적으로 많이 사용하는 데이터베이스 보기인 '표', 프로젝트의 진척도를 관리하는 데 유용한 '보드', 프로젝트 등 일정 관리를 중심으로 하는 '타임라인', 날짜 속성을 중심으로 데이터베이스를 볼 수 있는 '캘린더', 항목을 중심으로 개별 페이지를 보고자 할 때 유용한 '리스트', 이미지를 중심으로 데이터를 볼 수 있는 '갤러리'가 그것이다.

데이터베이스 생성 - /data   **데이터베이스 생성 - /표**

데이터베이스 보기는 블록에 슬래시(/)를 입력한 후 스크롤을 내려 원하는 데이터베이스 보기를 선택하거나, '/data'(한글로 '/데이터'도 가능)를 입력해 빠르게 원하는 보기를 선택해 생성할 수 있다. 또는 '/표'나 '/보드' 등 원하는 데이터베이스 보기를 곧바로 입력해 콘텐츠를 생성할 수도 있다.

데이터베이스 보기의 형태는 '인라인'과 '전체 페이지' 중에 선택할 수 있다. 인라인 형태의 데이터베이스 보기는 데이터베이스가 페이지의 구성 요소 중 하나가 되는 것이고, 전체 페이지 데이터베이스 보기는 페이지 전체가 데이터베이스 보기로만 구성되는 것을 말한다. 주로 쓰이는 형태는 인라인 형태의 데이터베이스 보기다.

전체 페이지 형태의 데이터베이스 보기는 페이지 오른쪽 상단 더보기(⋯)에서 '데이터베이스 잠금'을 활성화해 다른 사용자가 데이터베이스의 속성이나 입력한 값을 변경할 수 없도록 설정할 수 있다.

전체 페이지 데이터베이스 보기의 데이터베이스 잠금 설정

입력할 데이터나 프로젝트의 구성안에 따라 데이터베이스 보기의 형태를 정했다고 하자. 이때 생성한 데이터베이스 보기를 다른 보기로 바꾸고 싶을 경우, 간단히 다른 유형의 보기를 선택한 후에 '생성'을 클릭하면 새로운 데이터베이스 보기를 추가 생성할 수 있다.

생성한 데이터베이스 보기 종류 및 보기 추가 설정

생성한 보기는 일회성이 아니기 때문에 생성한 보기 목록 중에서 선택해서 보기를 전환할 수 있다. 또 '+ 보기 추가'를 클릭해서 다른 유형의 보기를 생성할 수 있다.

데이터베이스 보기 설정

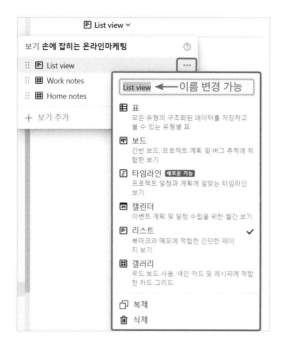

생성된 보기의 오른쪽 더보기(…)를 클릭하면 보기의 이름을 바꾸거나 다른 보기의 미리보기를 확인하고, 복제와 삭제를 할 수 있다.

'+ 새로 만들기'로 새로운 행 추가

생성한 보기에서 '+ 새로 만들기'를 클릭하면 보기에 새로운 행을 추가할
수 있다. 열을 클릭하면 열의 속성을 변경할 수 있다.

데이터베이스 행 페이지 링크

보기에 추가한 데이터는 새로운 페이지의 제목과 같은 역할을 하며, 페이지 열기로 내용을 상세하게 추가하고 편집할 수 있다.

속성

데이터베이스 보기는 등록된 속성을 편집할 수 있다.

데이터베이스 속성

속성 편집에서는 속성 추가와 비활성화, 위치 변경 등을 할 수 있다.

데이터베이스 속성 - 태그

데이터베이스 속성 - 제작자

이후 속성에 따라 추가로 태그나 제작자, 날짜와 제목을 변경하는 등 속성 유형을 변경할 수 있는데, 속성에서 마우스 오른쪽 버튼을 클릭하면 변경 가능한 내용을 확인할 수 있다. 즉 보기에 입력하는 데이터에 따라 속성을 설정하고, 그 속성을 변경할 수 있다.

데이터베이스 속성 - 날짜

데이터베이스 태그 속성 - 제목

또한 태그 속성을 지정하면 데이터베이스를 유연하게 활용할 수 있다.

데이터베이스 태그 속성

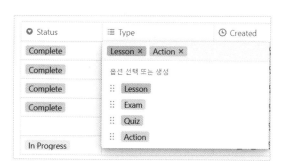

데이터베이스 속성 - 파일과 미디어

데이터베이스 보기의 열에는 파일이나 이미지를 추가할 수 있는 옵션이 있다. 파일이나 이미지를 업로드할 경우 무료 요금제에서는 5MB까지 추가할 수 있으며, 유료 요금제는 무제한으로 업로드할 수 있다. 링크 임베드로는 파일이나 이미지의 주소를 추가해 파일을 업로드할 수 있다.

데이터베이스 보기 중 '필터'는 데이터베이스 보기에 입력한 데이터 중 조건에 맞는 데이터만 보려고 할 때 활용한다.

데이터베이스 필터

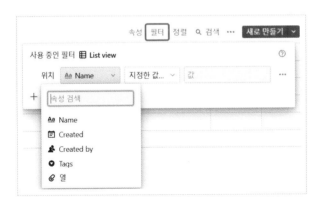

데이터베이스 필터 추가

여러 개의 조건에 맞는 데이터베이스 보기를 생성할 때는 '필터 그룹'을 활용한다.

데이터베이스 필터 그룹 추가

필터 그룹을 추가하면 And와 같은 '및', 그리고 두 가지 중에 하나의 조건에 맞는 데이터를 생성하는 Or과 같은 '또는'으로 필터 그룹을 구성할 수 있다. 필터 그룹으로 생성하지 않은 필터도 오른쪽 더보기(⋯)에서 필터 그룹으로 전환하거나 반대로 필터 그룹을 다시 개별 필터로 전환할 수 있다.

데이터베이스 고급 활용: 관계형, 롤업, 링크

관계형

노션에서는 데이터베이스를 서로 연결해 새로운 데이터베이스를 만들 수 있다. 공통으로 사용되는 정보가 있는 데이터베이스와 다른 데이터베이스를 연결하고 조합해 새로운 데이터베이스에서 정보를 한 번에 볼 수 있다.

필자는 강의 일정과 관련한 데이터베이스를 '관계형'으로 만들어서 사용하고 있다. 강의 일정과 강의 장소, 강의 장소 임대료를 연결해서 강의 장소에 대한 정보를 한 번에 볼 수 있는 관계형 데이터베이스를 생성했다.

관계형 데이터베이스를 만들기 위해서는 연결하려는 데이터베이스 보기

관계형 설정

의 맨 오른쪽 '+'를 클릭한 후 '속성 유형'의 '고급' 옵션 중 '관계형'을 클릭하면 된다. 그러면 관계형으로 연결할 다른 데이터베이스를 선택하는 창이 뜬다.

관계형 생성 팝업 창

관계형 생성을 위한 데이터베이스

관계형 생성을 위한 행 선택

< 강의 일정 >

데이터베이스 보기를 관계형으로 연결한 후에 데이터를 연결할 셀을 클릭하면 연결한 데이터베이스에서 필요한 정보를 가져올 수 있다.

연결 완료한 데이터베이스 보기

<강의 장소>

연결 완료한 데이터 보기

관계형 데이터베이스 연결 정보

관계형으로 연결한 데이터베이스 보기들은 연결된 정보를 한 번에 확인할 수 있다. 또 공통으로 사용할 수 있는 데이터베이스 보기를 다른 데이터베이스와 관계형으로 연결해서 사용할 수 있다.

필자의 경우 공통된 장소에서 강의를 하는 경우가 많아서 강의 장소 데이터베이스는 강의 일정 데이터베이스와 관계형으로 연결해서 활용한다. 2021년 1월의 강의 일정 데이터베이스 보기와 2021년 2월의 강의 일정 데이터베이스 보기 모두에 강의 장소 데이터베이스 보기를 공통으로 쓸 수 있는 것이다. 한편 관계형 데이터베이스도 노션 템플릿을 직접 만들거나 다른 사용자의 템플릿을 가져와서 활용할 수 있다.

롤업

노션 데이터베이스 활용 중 '롤업'은 관계형으로 연결한 데이터베이스 보기가 먼저 만들어진 후에 활용할 수 있다. 즉 롤업은 관계형으로 연결한 데이터베이스 보기의 열의 값을 가져와서 연결된 데이터베이스 보기의 열에다가 그 값을 표시할 수 있는 기능이다. 설명만 읽어보면 관계형과 다른 점을 알기 어렵지만, 관계형으로 연결된 데이터베이스 보기의 값만 가져올 수 있기 때문에 관계형 데이터베이스가 아닌 데이터베이스에서 롤업은 할 수 없다.

롤업을 하려면 먼저 롤업을 설정할 열을 클릭 후 열의 속성 유형을 롤업으로 바꿔준다. 그다음 열 아래의 빈 셀을 클릭하면 셀의 오른쪽에 연필 이미지의 '롤업 구성' 버튼이 뜬다. 이것을 클릭하면 기존에 관계형으로 연결한 데이터베이스 중 롤업으로 가져올 데이터베이스를 선택할 수 있다. 그 아래의 속성은 어떤 관계형 데이터베이스를 롤업했는지에 따라 모두 다르게 나타난다.

선택한 열의 속성 유형을 롤업으로 변경

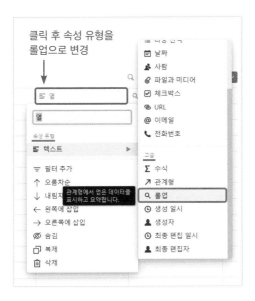

롤업 구성 클릭 후 관계형으로 연결한 데이터베이스 롤업

롤업 속성

이제 필요한 롤업 속성을 선택한다. 필자는 강의 장소 임대료를 선택했다. 같은 방식으로 강의 장소도 그다음 열에 롤업해준다.

강의 장소 임대료 롤업

	📅 일정	☰ Tags	↗ 열	🔍 강의장소임대료
)	2020년 5월 1일 → 2020년 5월 5일		📄 서울	0
- 네이버 마케팅의 정 ✏ 열기	2020년 4월 29일 오후 7:00-오후 10:00		📄 서울	20000
	2020년 4월 29일 오전 7:00-오전 8:30		📄 서울	50000
(2/4)]	2020년 4월 28일		📄 서울	20000
표 >	2020년 4월 24일 오전 10:30-오후 12:30		📄 서울	0
표 >	2020년 4월 23일 오후 1:00-오후 2:00		📄 서울	30000
]	2020년 4월 23일 오전 10:00-오전 10:00		📄 서울	50000
	2020년 4월 22일 오전 7:00-오전 7:00		📄 서울	30000
rsity >	2020년 4월 22일 오전 10:00-오전 11:30		📄 서울	70000
표 >	2020년 4월 22일 오전 11:30-오후 1:30		📄 서울	20000
표 >	2020년 4월 20일 오후 12:30-오후 2:00		📄 서울	50000
			📄 서울	20000
(1/4)]	2020년 4월 21일		📄 서울	70000
	2020년 4월 20일	블로그 키워드 비즈온에듀	📄 서울	50000

이렇게 강의 일정 데이터베이스 보기와 강의 장소 데이터베이스 보기를 관계형으로 연결한 후에 강의 일정 데이터베이스에 강의 장소 임대료와 강의 장소를 롤업으로 가져와서 쓸 수 있다.

롤업 합계 구하기

강의 일정 데이터베이스에 강의 장소 임대료 및 강의 장소 롤업 완료, 롤업 합계 계산 완료

그렇게 해서 매달 강의 일정과 강의별 혹은 해당 월의 강의 장소 임대료
가 얼마나 지출되었는지 확인할 수 있다. 숫자로 표시된 값의 경우 합, 평균,
중간값, 낮은 수, 높은 수, 높은 수와 낮은 수 사이 범위를 계산할 수 있고, 날

짜로 표시된 값은 빠른 날짜나 시간, 최신 날짜나 시간, 빠른 날짜와 최신 날짜 사이의 시간 범위를 계산할 수 있다.

링크

링크는 데이터베이스를 다른 페이지에 복사하거나 데이터베이스 내용의 일부를 발췌할 수 있는 기능이다.

링크된 데이터베이스 생성 바로가기 1

링크된 데이터베이스 생성 바로가기 2

데이터베이스를 복사 및 발췌해서 활용하기 위해서는 먼저 한글이나 영어로 '/데이터베이스(/database)' 또는 '/링크된(/linked)'

을 블록에 입력한다. 그 후 자동으로 완성되는 옵션 중에 '링크된 데이터베이스 생성'을 선택하고 복사 및 발췌할 데이터베이스를 선택한다.

링크된 데이터베이스 선택

이렇게 복사 및 발췌된 데이터베이스 보기에다 적용하는 필터, 보기 변경, 정렬 등은 원본 데이터베이스 보기에 반영되지 않는다. 다만 데이터베이스의 속성 값을 변경하면 원본 데이터베이스 보기에 반영되어 원본 데이터베이스 값도 변경된다.

링크된 데이터베이스 생성

링크해서 가져온 데이터베이스 보기는 블록의 데이터베이스 보기처럼 복사와 삭제 등을 할 수 있다. 또 한 페이지에 여러 개의 데이터베이스 보기를 링크로 가져올 수 있다.

이런 기능을 활용하면 대시보드 형태의 페이지를 만들 수 있다. 필자는 강의 일정 데이터베이스 보기와 강의 장소 데이터베이스 보기를 링크해서 대시보드 형태의 페이지를 만들었다. 다음 자료를 보자.

링크된 데이터베이스로 생성한 강의 관련 대시보드

여기에 블록으로 콘텐츠를 추가하면 원하는 정보를 볼 수 있는 대시보드를 만들 수 있다. 물론 그 전에 마인드맵 같은 프로그램으로 어떤 정보를 대시보드에서 볼 것인지를 확정한 후에 대시보드를 만드는 것이 훨씬 효율적이다.

5-3
개인 워크스페이스
활용

보통 개인 워크스페이스는 주로 개인 홍보 페이지나 개인의 관심사에 관한 콘텐츠, 개인 업무 관리 등을 위한 용도로 활용한다. 반복해서 말하지만 개인 워크스페이스를 활용할 때 생성할 콘텐츠의 형태나 페이지들을 마인드맵을 활용해서 미리 정리하면 노션 활용에 효율을 높일 수 있다.

여기에서는 개인 홈페이지 역할을 하는 개인 워크스페이스로 예를 들어볼 것이다. 페이지 구성은 메인 페이지, 강의 소개 및 신청 페이지, 출간한 책소개 페이지로 나눠서 제작해볼 예정이다. 주로 노션 공식 템플릿이나 다른 사용자들이 공유한 템플릿을 가져와서 편집하는 방식으로 만들어보고자 한다. 예제를 차근차근 따라하다 보면 노션으로 나만의 홈페이지를 만들어볼 수 있을 것이다.

적절한 템플릿 찾기

노션에서 템플릿을 찾는 방법은 두 가지다. 앞서 이야기한 것처럼 공식 템플릿을 이용하거나 다른 사용자가 공유한 템플릿을 찾는 것이다.

노션 공식 템플릿 창

노션 공식 템플릿 창에서는 카테고리가 명확하게 정리되어 있어서 분류별로 템플릿을 찾을 수 있다. 카테고리 템플릿 안에 별도의 페이지들이 구성되어 있기 때문에 페이지별로도 사용할 수 있다. 이 외에는 개인 사용자

노션 템플릿 구글 검색

들이 자신이 운영하는 블로그나 홈페이지에서 템플릿을 공유하고 있는 경우가 많다.

따라서 내가 찾는 템플릿의 키워드에 'notion template'을 한글 또는 영어로 붙여서 구글에 검색해보면 많은 템플릿을 찾을 수 있다. 이를테면 '여행 플래너 노션 템플릿' 혹은 'travel planner notion template'이라고 검색하는 것이다.

노션 커뮤니티 사용자들이 만든 템플릿 갤러리

템플릿 갤러리 중에는 노션 공식 템플릿 갤러리가 아닌, 노션 한국 커뮤니티 사용자들이 만든 템플릿 갤러리가 있다. 여기서는 노션 공식 템플릿뿐만이 아닌, 다른 사용자가 공유한 템플릿을 복제를 클릭해 가져다 쓸 수 있

다. 템플릿을 가져오거나 복제할 때는 어느 워크스페이스에 복제할지 선택할 수 있다.

필자는 템플릿을 찾기 전, 먼저 개인 워크스페이스에서 만들 페이지들을 마인드맵으로 정리했다.

노션 페이지 구성 마인드맵

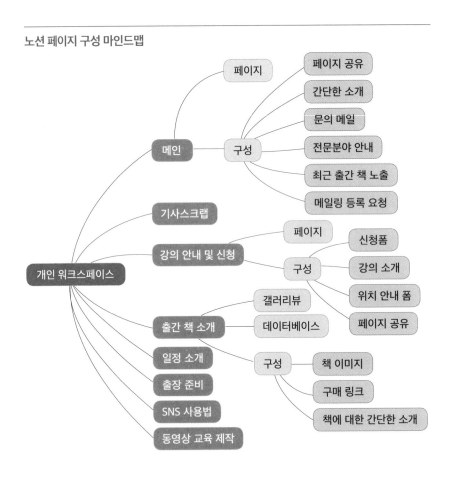

필자는 이 중에서 '강의 안내 및 신청하기' 페이지, '출간 책 소개' 페이지, 그리고 일반적인 홈페이지의 메인 홈과 같은 '메인' 페이지를 만들었다. 강의 안내 페이지는 직접 블록 콘텐츠를 생성해서 제작했고, 출간 책 소개 페이지는 노션 공식 템플릿 갤러리에 무료 템플릿으로 올라온 'Book tracker' 템플릿을 가져와 제작했다. 후자는 데이터베이스를 활용한 페이지다.

노션 공식 템플릿 갤러리 - Book tracker 템플릿

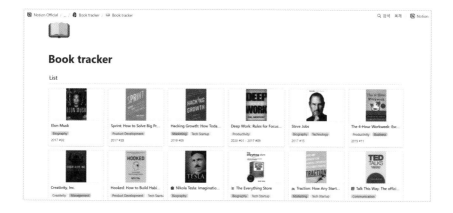

템플릿 편집하기

1 메인 페이지

필자가 사용하는 노션 메인 페이지는 기존에 있는 템플릿을 가져와서 편집한 페이지다.

기존 템플릿을 편집해 만든 메인 페이지

위의 QR코드로 들어가 필자가 제작한 메인 페이지를 확인할 수 있다. 페이지의 오른쪽 상단의 '복제'를 클릭하면 템플릿을 내 워크스페이스로 복제해 가져와 사용할 수 있다.

페이지 이미지 편집

    이미지 블록, 텍스트 블록 등 페이지에 포함되어 있는 블록들은 마우스로 위치를 바꿀 수 있다. 삭제나 전환 등 블록 옵션을 변경하거나 블록 추가도 할 수 있다. 커버 이미지나 커버 위치도 변경할 수 있고 아이콘도 추가할 수 있다.

    이미지의 경우 이미지에만 적용되는 '댓글', '캡션', '원본'이라는 기본 옵션이 있고, 추가 옵션들(전체보기, 바꾸기, 다운로드 등)도 있기 때문에 쉽게 수정할 수 있다. '바꾸기'는 그 위치에 있는 이미지를 다른 이미지로 대체하는 기능이다. '캡션'은 이미지를 설명하

페이지 이미지 추가 설정 옵션

는 문구를 추가하는 기능이다. 그 외에 콘텐츠 블록들도 직접 수정하고 편집할 수 있다.

② 강의 안내 및 신청 페이지

강의 안내 및 신청 페이지는 템플릿을 가져오는 방식이 아니라 페이지를 새로 만드는 방식으로 제작했다. 이때 템플릿을 가져와서 편집을 하든, 새로운 페이지로 만들기를 하든 마인드맵으로 페이지 구성안을 먼저 만들고 제

강의 안내 및 신청 페이지 구성안

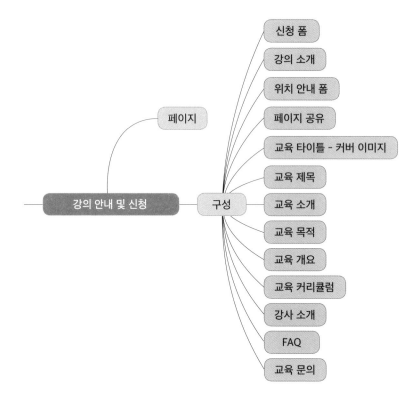

작하는 것이 먼저다. 구성안을 미리 작성해두지 않으면 페이지를 만들며 헤매는 데 시간을 오래 빼앗길 수 있다.

현재 제작하는 페이지가 강의 안내 및 신청 페이지이기 때문에 페이지 구성은 강의를 소개하는 항목과 신청할 수 있는 항목으로 구성한다. 또한 강의를 소개하고 사람들이 강의를 신청하도록 이끄는 페이지의 목적을 생각해 페이지의 커버 이미지에서부터 강의를 알려줄 수 있는 이미지를 사용한다. 또한 이 페이지가 온라인의 다른 사용자들에게 많이 노출되어서 강의 신청을 많이 받을 수 있도록 페이지 오른쪽 상단의 '공유' 기능을 활성화한다.

강의 소개 및 신청 페이지 - 공유 활성화

특히 구글, 네이버 등 검색 엔진에 노출되는 것이 홍보에 큰 도움이 되기 때문에 이를 위해서는 요금제를 유료, 즉 '개인 프로 요금제'로 전환한다.

개인 프로 요금제로 업그레이드

페이지에 제목 추가하기

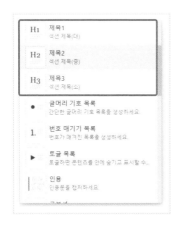

페이지 내의 콘텐츠들은 블록을 생성해서 추가한다. 이때 제목 블록을 사용해 페이지의 콘텐츠를 깔끔하게 구성하는 게 좋다.

페이지에서 제목을 구분해주는 이유는 페이지 안에서 디자인을 보기 좋게 하기 위한 것도 있지만 페이지 보내기를 했을 때(페이지를 공유했을 때) 페이지가 잘 정돈된 형태로 보이도록 하기 위한 필수

설정이기 때문이다.

강의 안내 및 신청 페이지의 내부를 구성하는 '강의 계획안', '커리큘럼', '교육 일정 안내', '문의하기', '신청하기' 등 하위 메뉴들은 독립된 페이지로 만들어서 강의 안내 및 신청 페이지의 하위 페이지로 구성했다.

메인 페이지와 그 아래 강의 안내 및 신청 페이지의 하위 페이지들

강의 안내 및 신청 페이지 옮기기

강의 안내 및 신청 페이지가 완성되면 개인 워크스페이스에 독립된 페이지로 구성된다. 우리의 원래 의도는 이 페이지를 개인 홈페이지의 하위 페이지로 설정하려는 것이었으니, 강의 안내 및 신청 페이지를 마우스 드래그로 옮겨 메인 페이지의 하위 페이지로 설정한다. 또는 강의 안내 및 신청 페이지의 더보기(⋯) 메뉴를 클릭하거나 페이지명을 오른

강의 안내 및 신청 페이지를 메인 페이지의 하위 페이지로 구성 완료

쪽 클릭해 뜨는 옵션들 중 옮기기를 눌러 메인 페이지의 하위 페이지로 강의 안내 및 신청 페이지를 옮긴다. 이렇게 하면 메인 페이지에 하위 페이지의 제목(Digital Marketing Class)으로 링크가 생성된다.

메인 페이지에 하위 페이지 링크 생성

생성된 링크는 블록 요소이기 때문에 여타 다른 평범한 블록들처럼 위치, 색상, 폰트 등의 편집이 가능하다.

③ 출간 책 소개 페이지(데이터베이스 활용 페이지)

노션의 데이터베이스는 노션 사용을 더욱 유연하게 만들어주고 노션 사용에 확장성을 더해준다. 대개 새로운 페이지에 데이터베이스 블록을 생성하거나 기존에 있는 데이터베이스 템플릿을 '복제'해서 데이터베이스를 활용할 수 있다.

출간 책 소개 페이지를 통해서는 데이터베이스 템플릿을 복제한 후에 그 템플릿을 편집해서 내가 원하는 페이지 안의 데이터베이스로 활용하는 방법을 설명해볼 것이다. 앞서 찾았던 노션 공식 템플릿 갤러리의 'Book tracker' 템플릿을 편집해서 '출간 책 소개' 페이지를 만들어보자.

출간 책 소개 페이지 구성안

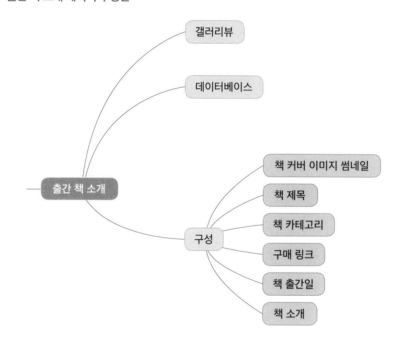

물론 이 역시 마인드맵으로 내가 원하는 페이지의 구성안을 미리 짜놓는 것이 먼저다.

노션 공식 템플릿 갤러리 - Book tracker 템플릿

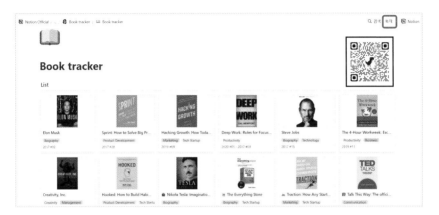

    우선 노션 공식 템플릿 갤러리에서 Book tracker 템플릿을 검색해 오른쪽 상단의 '복제'를 클릭해 템플릿을 복제한다. 이 템플릿은 직접 구글에 템플릿 이름을 검색해서도 찾을 수 있다. 아니면 이미지에 삽입된 QR코드로 들어가 템플릿을 복제할 수 있다.

필자의 워크스페이스의 페이지 목록에 복제된 Book tracker 페이지

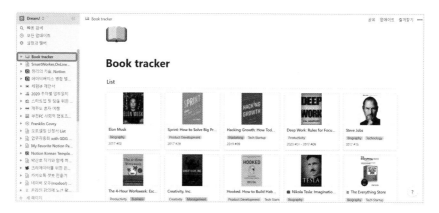

　　템플릿을 복제한 후에는 페이지 이름을 '출간한 책 소개'라고 수정하고
페이지 커버 등을 추가한다. 필자는 출간한 책이 7권이므로, 그 외에 책이 등
록된 데이터베이스는 삭제했다.

책 속성 편집

이제 책 데이터를 편집한다. 책 이미지 오른쪽 상단의 더보기(⋯)를 클릭해 '속성 편집' 옵션에서 기존에 등록된 책의 속성을 필자가 출간한 책, 즉 새로 등록할 책의 속성으로 수정한다.

출간 책 페이지 수정 완료

원래는 출간한 책 7권을 모두 등록해야 하지만 필자는 최근에 출간한 책 한 권만 등록했다. 다른 책도 같은 방법으로 등록할 수 있으나 생략했다.

출간한 책 소개 페이지가 메인 페이지의 하위 페이지로 이동됨

그다음에는 페이지 오른쪽 상단의 '공유'를 클릭해 페이지를 공유할 옵션을 설정하고, 이 페이지를 메인 페이지의 하위 페이지로 설정한다.

여기까지 마치면 메인 페이지 안에 강의 소개 페이지와 출간한 책 소개 페이지 링크가 두 줄로 생성되어 있는 것을 확인할 수 있다.

출간한 책 소개 페이지 링크 칸 이동

이 경우 두 줄로 생성되어 있는 링크를 줄의 칸을 나누어서 한 줄로 보기 좋게 만들 수 있다.

출간한 책 소개 페이지 링크 칸 이동 완료

두 번째 줄의 페이지 링크(출간한 책 소개 페이지)를 마우스로 드래그해서 오른쪽 끝으로 옮기면 칸이 나누어지면서 링크를 이동시킬 수 있다.

템플릿 공유하기

지금까지 일반적인 개인 홈페이지를 만드는 것처럼 노션에서 메인 페이지, 강의 소개 페이지, 출간한 책 소개 페이지를 생성해 메인 페이지를 중심으로 링크 페이지들을 구성해보았다. 이번에는 내가 만든 페이지를 공유해서 다른 사람이 쓸 수 있게 하는 방법을 알아보자. 내가 유용하게 쓴 페이지를 다른 사용자도 유용하게 쓸 수 있도록 공유하는 일은 노션 사용자 모두에게 도움이 되는 일이다.

내가 만든 템플릿을 공유하는 방법에는 노션 한국 커뮤니티의 템플릿 갤러리에 공유하는 방법과 템플릿 페이지의 링크를 개인 SNS에 게재해 공유하는 방법이 있다.

노션 한국 커뮤니티의 템플릿 갤러리

전자의 방법은 간단하다. 노션 한국 커뮤니티의 템플릿 갤러리에서 '여러분의 템플릿을 공유해주세요(클릭)'를 클릭한 후에 구글 폼 내용을 작성해서 제출하면 된다. 이 외에도 블로그, 웹 사이트, SNS 등에 내가 만든 템플릿

노션 템플릿 복제 허용 설정

을 소개해서 템플릿이 필요한 사람들이 찾을 수 있게 하는 방법도 있다. 이 방법은 템플릿 공유와 개인 SNS 홍보를 같이 하는 방법이기도 하다. 다만 템플릿 혹은 페이지를 공유할 때는 페이지 '공유 설정'을 먼저 해야 한다. 이는 전자와 후자 모두 해당한다.

공유 설정 창을 열어 '웹에서 공유'와 '템플릿 복제 허용'을 활성화하면 우리가 다른 사람의 템플릿을 복제해서 쓰는 것처럼 우리의 템플릿을 다른 사람이 복제해서 쓸 수 있다. '웹에서 공유'를 설정하면 온라인에서 링크 주소를 통해 다른 사람이 나의 템플릿(페이지)에 방문할 수 있다. 이렇게 설정 후 템플릿 주소를 블로그, 웹 사이트, SNS에 공유해서 다른 사용자들이 사용하도록 하면 된다.

템플릿 사용하기

노션에서 무료로 사용할 수 있는 템플릿들은 카테고리도 다양하고, 각각의 카테고리 안에서도 여러 가지의 템플릿이 있다. 이번에는 노션 공식 템플릿 갤러리 안에서 미팅 시 유용한 템플릿, 1인 기업 및 마케팅과 영업에 유용한 템플릿 등 노션을 사용하는 데 도움이 되는 템플릿을 소개한다.

노션 공식 템플릿 갤러리

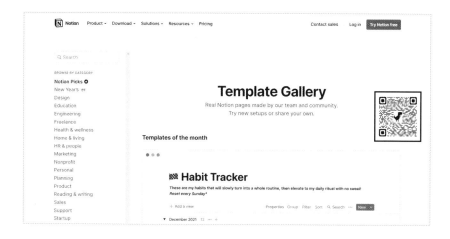

먼저 노션 공식 템플릿 갤러리로 들어가자. 사이트 주소는 www.notion. so/templates이다. 이미지에 삽입된 QR코드로 들어가거나 검색창에 주소를 쳐서 홈페이지로 들어가면 왼쪽 상단에 있는 검색 기능으로 원하는 템플릿을 키워드로 검색해 찾을 수 있고, 검색창 하단의 카테고리에서 원하는 템플릿을 찾을 수 있다.

노션 공식 템플릿 갤러리의 무료 템플릿과 유료 템플릿

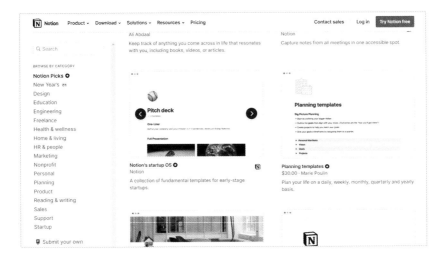

    노션 공식 템플릿 갤러리의 템플릿은 무료로 사용할 수 있는 것들이 많지만 유료로 판매하는 템플릿도 있다.

Personal CRM 템플릿

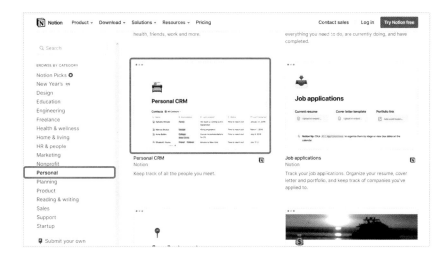

Personal CRM 템플릿

많은 템플릿 중 미팅 관련 정보를 정리하는 데 유용한 템플릿을 추천해보려 한다. 내·외부로 사람을 많이 만나는 필자에게는 유용한 템플릿이다.

템플릿 이름은 'Personal CRM'으로, 이대로 왼편의 검색창에 검색하거나 'Personal' 카테고리에 있는 템플릿 목록으로 들어가면 찾을 수 있다.

Personal CRM 템플릿 소개 페이지

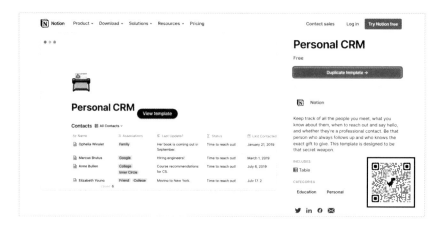

Personal CRM 복사 완료

    템플릿을 클릭하면 템플릿을 소개하는 페이지를 볼 수 있다. 오른쪽에서
복제할 워크스페이스를 선택한 후에 'Duplicate template' 버튼을 클릭하면
내 워크스페이스의 왼쪽 사이드바 제일 위에 템플릿 페이지가 복사된다.

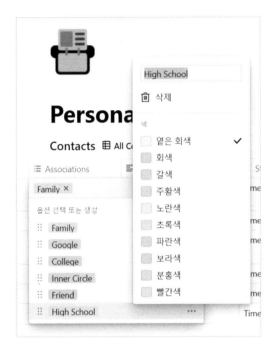

이후 복사한 템플릿 페이지의 항목들을 상황에 맞게 수정한 후에 사용하면 된다.

Startup 템플릿 카테고리

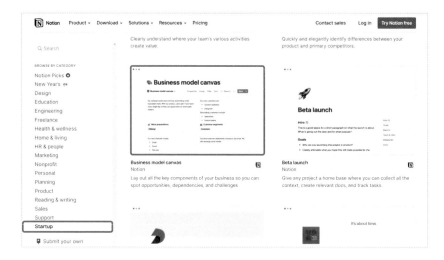

스타트업, 작은 기업, 소상공인을 위한 노션 템플릿

노션 해외 템플릿 갤러리의 'Startup' 카테고리를 보면 기업에서 내·외부로 협업하는 데 유용한 템플릿들이 있다. 그중 기업의 비즈니스 모델을 분석할 수 있는 'Business model canvas' 템플릿을 소개해본다.

'Business model canvas' 템플릿을 클릭하면 상세 설명 페이지에서 템플릿에 대해서 알 수 있다.

일잘러는 노션으로 일합니다

Business model canvas 템플릿 소개

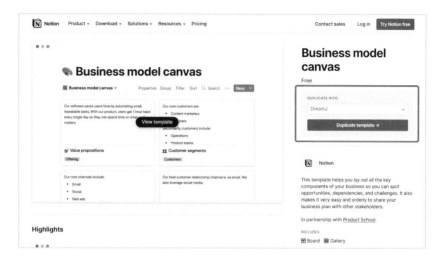

　템플릿 페이지의 오른쪽 항목에서 어느 워크스페이스에 복제할지를 선택하고, 'Duplicate template' 버튼을 클릭하면 내 워크스페이스의 제일 위에 템플릿 페이지가 복사된다.

실젠! 노션 활용하기

Business model canvas 복사

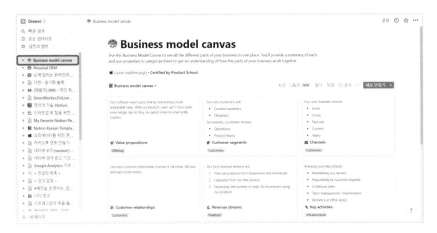

복사한 템플릿에서 'Business model canvas'의 각 항목에 맞게 내용을 작성해서 템플릿을 사용한다.

Sales 템플릿 카테고리

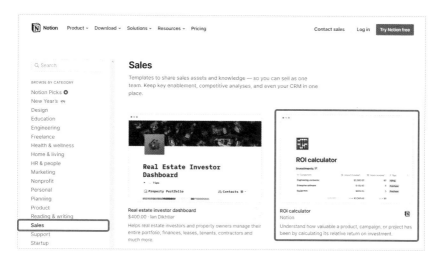

ROI 계산기 템플릿

ROI는 투자 대비 효율을 말한다. 마케팅, 영업 등에 투자한 비용으로 얼마의 수익을 만들었는지 확인할 수 있는 템플릿이다. 마케팅과 영업 등에서 ROI 계산은 필수다. 그런데 노션 템플릿 중 ROI를 계산할 수 있는 템플릿이 있다. 'Sales' 카테고리의 'ROI calculator' 템플릿이다.

ROI Calculator 템플릿

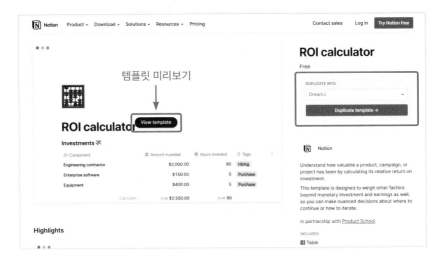

이 템플릿을 선택해서 템플릿 소개 페이지에서 'View template'을 클릭하면 템플릿 미리보기 페이지를 볼 수 있다. 템플릿 미리보기 페이지 오른쪽 상단의 '복제'를 클릭해서도 내 워크스페이스에 템플릿을 복사할 수 한다.

ROI Calculator 템플릿 미리보기 페이지

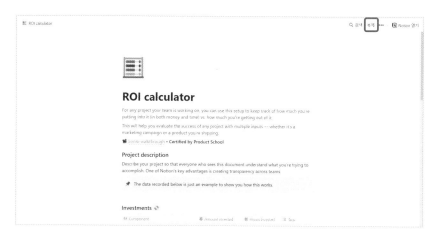

내 워크스페이스에 복사 완료한 ROI Calculator 템플릿 페이지

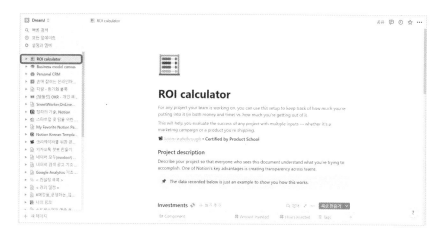

복사한 템플릿 페이지는 편집해서 사용할 수 있는데, ROI를 계산하는 숫자 형식 편집은 반드시 해야 한다.

템플릿 속 Investments, Earnings by source, Quantitative ROI 표의 '# Amount invested', '# Earnd', '# Invested' 셀들

숫자 형식 편집 방법은 간단하다. 이 템플릿 안에 있는 Investments, Earnings by source, Quantitative ROI 표의 '# Amount invested', '# Earnd', '# Invested'라는 이름의 셀들을 오른쪽 클릭해 '숫자형식' 옵션을 눌러 수정하면 된다.

Amount invested 셀 편집 - 숫자 형식

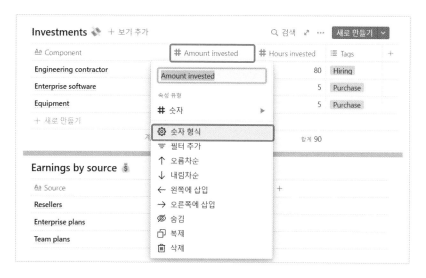

기본 숫자가 미국 달러로 설정되어 있기 때문에 우리나라 상황에 맞게 '원'을 선택해 수정한다.

숫자 형식을 달러에서 원으로 변경

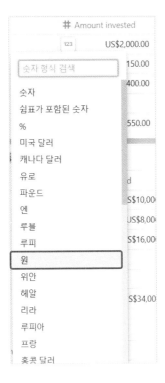

숫자 형식 변경 완료

5-4
팀 워크스페이스
활용

팀 워크스페이스는 주로 프로젝트 단위로 활용한다. 특히 필자와 같은 1인 기업들은 대외로 협업을 해야 하는 프로젝트가 많기 때문에 프로젝트 단위로 팀 워크스페이스를 만든다. 무료로 운영할 수 있는 팀 워크스페이스의 기능에는 한계가 있기 때문에 필요에 따라서는 유료 요금제로 팀 워크스페이스를 운영한다.

　기본적으로 팀 워크스페이스의 활용은 개인 워크스페이스 활용과 유사하다. 팀 워크스페이스 역시 노션 템플릿 갤러리에서 협업과 프로젝트를 위한 템플릿은 가져와 편집해 활용할 수 있다. 또 편집한 템플릿 역시 공유할 수 있다. 다만 팀 워크스페이스에서 템플릿을 공유할 때는 개인 워크스페이스와는 다르게 멤버의 권한을 설정한다. 팀원마다 '관리자'와 '멤버'로 접근 수준(권한)을 설정해서 팀 워크스페이스에서의 권한을 제어하는 것이다. 멤버의 수가 적을 때는 '멤버' 메뉴에서 제어할 수 있지만, 협업하는 멤버가 많을 경우에는 '그룹'을 생성해서 그룹 단위에서 권한을 설정하는 것이 효율적이다.

팀 워크스페이스 권한 설정

앞서 말했듯 팀 워크스페이스는 협업을 전제로 하기 때문에 협업하는 멤버들의 권한을 설정해서 운영하는 것이 효율적이다. 권한 설정에는 협업하는

팀 워크스페이스 멤버 권한 설정

멤버의 규모에 따라 멤버 개인 단위로 권한을 설정하는 방법과 더불어 같은 업무를 하는 멤버들을 그룹으로 모아서 그룹 권한을 설정하는 방법이 있다. 권한 설정을 하는 방법에 정답이 있는 것은 아니고, 멤버의 규모에 따라 설정하면 된다.

팀 워크스페이스 그룹 권한 설정

그룹으로 멤버 권한을 설정할 경우 무료 요금제에서는 안 되고 유료 요금제를 사용해야 가능하다.

무료 요금제 사용 시 노션 팀 워크스페이스 그룹 권한 설정

5-5
노션 유료 요금제
무료로 사용하기

노션을 이용하다 보면 개인이든 팀이든 유료 요금제로 이용해야 할 때가 있다. 그럴 때 바로 유료 결제를 하는 것보다 노션의 크레딧을 적립해 유료 요금제를 한정된 기간 동안 무료로 사용해보는 것도 좋은 방법이다.

크레딧 적립하기

노션 크레딧을 적립하는 방법에는 일회성으로 크레딧을 적립할 수 있는 여섯 가지 방법과 친구를 초대해 크레딧을 받는 방법이 있다. 노션 계정의 '크레딧 적립' 메뉴에서 적립할 수 있는 크레딧 목록과 사용한 크레딧을 확인할 수 있다.

노션 크레딧 적립

크레딧은 사실 노션을 사용하다 보면 자연스럽게 적립할 수 있다. 웹이나 데스크톱, 모바일 애플리케이션으로 다양하게 노션을 사용하거나 에버노트에서 노트북 가져오기, 노션의 크롬 확장 프로그램인 웹 클리퍼 사용하기, 링크를 노션에 공유하기 정도의 기본적인 사용을 하면 크레딧을 적립할 수 있다. 더불어 이메일로 친구를 노션에 초대해 그 친구가 노션에 이메일을 등록해도 크레딧을 적립할 수 있다. 이것은 전형적인 바이러스 마케팅으로 노션 사용자를 늘리는 데 큰 역할을 했다. 이렇게 적립한 크레딧은 노션의 유료 요금제 사용을 위해서 결제할 수 있다.

노션 요금제 업그레이드 및 무료 사용

개인 워크스페이스에서 요금제를 업그레이드하려면 왼쪽 사이드바의 '설정과 멤버'를 클릭 후 '업그레이드' 메뉴로 들어가 사용할 유료 요금제 옵션을 선택하면 된다.

노션 요금제 안내

노션 개인 프로 요금제 업그레이드

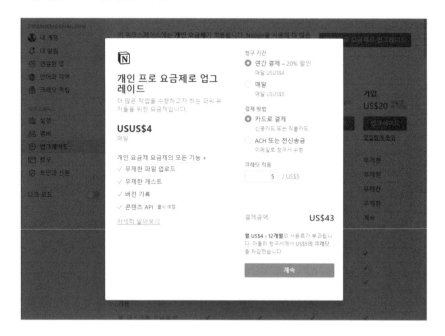

　　요금제는 연간 결제와 매달 결제 중에서 선택할 수 있다. 어느 프로그램이든지 매달 결제보다 연간 결제가 결제 금액의 합을 따져봤을 때 조금 더 저렴하다. 유료 요금제를 오래 사용할 생각이라면 당연히 연간 결제로 사용하는 것을 추천한다.

일잘러는 노션으로 일합니다

노션 팀 요금제 업그레이드

    팀 워크스페이스의 경우에는 유료 요금제를 사용하고자 하는 팀 워크스페이스의 설정 창에서 아까와 같이 '업그레이드'를 선택해 요금제를 업그레이드할 수 있는데, 이때 결제를 크레딧으로 하면 적립된 노션 크레딧으로 유료 요금제를 결제해서 사용할 수 있다.

노션 팀 요금제 이용 상태

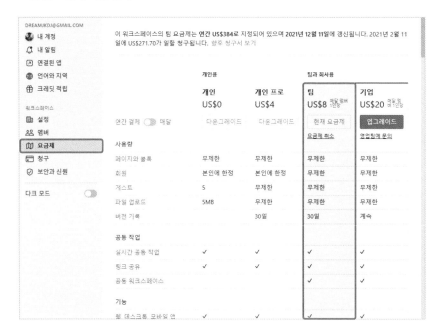

내 요금제의 이용 상태를 확인하고 싶다면 워크스페이스 설정 창으로 들어가 '요금제' 메뉴를 클릭하면 된다.

학생과 교사 무료 개인 프로 요금제 이용하기

이 외에도 노션은 학생과 교사에게는 무료로 개인 프로 요금제를 제공한다. 이때는 노션에 학교 이메일 주소로 가입하면 가능하다.

노션 사용 시 유용한 단축키

　　노션을 사용하다 보면 자주 쓰는 기능들이 있다. 노션은 이러한 자주 쓰는 기능을 빠르고 쉽게 구현할 수 있도록 단축키 기능을 제공한다. 자주 쓰는 기능의 단축키를 알아두면 업무 생산성을 높이는 데 아주 큰 도움이 된다. 노션은 단축키를 맥(Mac)과 윈도우(Window), 리눅스(Linux) 사용자들에게 지원하고 있다. 사실상 노션 공식 홈페이지의 '도움말과 지원' 카테고리에서 단축키에 대해 전반적으로 설명하고 있지만 이 책에서는 그중에서도 많이 사용하는 단축키만을 정리해봤다.

노션 공식 홈페이지의 단축키 배우기 페이지

단축키를 표시하는 내용 중 cmd는 command를 말하고 맥에서 사용한다. ctrl은 control을 말하고 윈도우나 리눅스 이용자들이 사용한다.

기본 단축키

1	cmd/ctrl + n	새로운 페이지를 만든다
2	cmd/ctrl + shift + n 또는 cmd/ctrl + click	새로운 페이지를 노션 새 창에서 만든다
3	cmd/ctrl + p	최근 연 페이지 목록을 띄워 원하는 페이지로 바로 이동할 수 있다
4	cmd/ctrl + [	바로 이전 페이지로 이동한다
5	cmd/ctrl +]	바로 앞 페이지로 이동한다
6	cmd/ctrl + shift + l	배경을 검은색으로 변경한다
7	cmd/ctrl + d	커서가 있는 블록을 복사한다
8	cmd/ctrl + f	페이지 내에서 검색한다

위 표에는 없지만 블록 복사와 붙여넣기는 cmd/ctrl + c(복사), 그리고 cmd/ctrl + v(붙여넣기)로 사용 가능하다.

마크다운 스타일

1	**글자**	글자를 볼드 처리한다
2	*글자*	글자를 기울임 처리한다
3	`text`	text를 인라인 처리한다. 영어 텍스트만 가능하다
4	~글자~	글자를 취소선 처리한다
5	*, - 또는 + 입력 후 스페이스 입력	기호 목록으로 만들 수 있다
6	[ ]	체크박스를 만들 수 있다
7	1. 입력 후 스페이스 입력	번호 매기기로 시작한다
8	# 입력 후 스페이스 입력	제목1 형식으로 입력할 수 있다
9	## 입력 후 스페이스 입력	제목2 형식으로 입력할 수 있다
10	### 입력 후 스페이스 입력	제목3 형식으로 입력할 수 있다
11	> 입력 후 스페이스 입력	토글 블록을 만들 수 있다
12	" 입력 후 스페이스 입력	인용문을 만들 수 있다

위 단축키들은 수시로 사용하게 되는 단축키들이므로 사용하면서 자연스럽게 외워두면 편리하다.

이모지

노션 이모지는 ' : '를 타이핑 후 원하는 키워드를 입력하면 만들어진다.

노션 단축키 입력 예제

블록을 이동하거나, 블록 단위로 편집을 해야 할 때 등 생각보다 많은 경우에 현재 마우스 커서가 있는 블록을 지정해야 하는 경우가 있다. 이때 노션 단축키를 모른다면 마우스로 블록을 직접 선택해야 하는데, 여러 번 선택해야 하는 경우 번거롭다. 따라서 현재 커서가 있는 블록을 선택해야 할 경우 키보드의 ESC를 누르면 된다. 선택한 블록을 해제할 경우에는 Enter를 누르면 된다.

- ESC: 현재 커서가 있는 블록 선택
- Enter: 선택한 블록 해제

부록2

노션 업데이트 내용 확인하는 법

노션의 기능은 비정기적으로 업데이트 된다. 노션에서는 때마다 그 업데이트 내용을 계정으로 등록한 메일로 보내준다.

노션 계정 메일을 통해 업데이트 확인

☆			21. 12. 30.
★	Ivan at Notion	Notion reflections, 2021	21. 12. 17.
☆			21. 12. 15.

물론 노션 공식 홈페이지 하단의 메뉴 중 '새로운 기능'을 클릭하거나, 새로운 기능을 소개하는 페이지에 직접 방문해서도 확인할 수 있다.

노션 공식홈페이지의 새로운 기능 메뉴

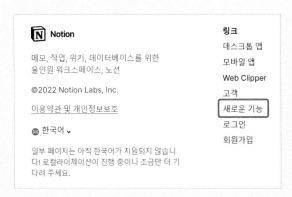

노션 공식 홈페이지의 새로운 기능 소개 페이지

더불어 필자의 개인 홈페이지(www.onlinemarketinglab.co.kr)에서도 업데이트 내용을 확인할 수 있다.

필자의 개인 홈페이지 메인 화면

홈페이지 메인 화면 상단의 '노션(notion)' 메뉴를 클릭하면 노션 관련 게시물들을 확인할 수 있다.

필자의 개인 홈페이지 노션 메뉴

앞으로 노션 관련 활용법 및 업데이트 사항들이 지속적으로 업로드될 예
정이다.

일잘러는 노션으로 일합니다

초판 1쇄 발행 2022년 2월 17일

지은이 | 김대중
펴낸곳 | 원앤원북스
펴낸이 | 오운영
경영총괄 | 박종명
편집 | 김상화 최윤정 김형욱 이광민
디자인 | 윤지예 이영재
마케팅 | 문준영 이지은
등록번호 | 제2018-000146호(2018년 1월 23일)
주소 | 04091 서울시 마포구 토정로 222 한국출판콘텐츠센터 319호(신수동)
전화 | (02)719-7735   팩스 | (02)719-7736
이메일 | onobooks2018@naver.com   블로그 | blog.naver.com/onobooks2018
값 | 16,000원
ISBN 979-11-7043-281-4 03320